Roman Boutellier
Oliver Gassmann
Eugen Voit

Projektmanagement in der Beschaffung

Zusammenarbeit von Einkauf und Entwicklung

2. Auflage

HANSER

Geleitwort

Einkauf und Logistik beeinflussen maßgeblich die Wettbewerbsfähigkeit von Unternehmen. Der Anteil der Beschaffung der deutschen Industrie ist inzwischen auf über 50 % des Unternehmensumsatzes gestiegen. Die Qualität beim Einkauf bestimmt die Qualität der Produkte.

Der BME fördert seit über 45 Jahren die Belange des Faches und vertritt die Interessen von 1000 Unternehmen und 4000 persönlichen Mitgliedern. Mit der Reihe „Pocket Power Einkauf und Logistik" verbinden wir den Wunsch, wesentliche Themenfelder aus dem Bereich übersichtlich aufzubereiten und auch einem breiteren Kreis von unternehmerischen Entscheidern nahe zu bringen.

Es würde mich freuen, wenn die vorliegende Publikation einen Beitrag zu Ihrem Unternehmenserfolg leisten würde.

Dr. Holger Hildebrandt, Vorsitzender des BME

Inhalt

Wegweiser

Dieses Buch wendet sich an Praktiker. Die folgenden drei Symbole führen Sie schnell zum Ziel:

 Dieses Symbol markiert **Anwendungstipps**: Hier erfahren Sie, wie Sie bei der Umsetzung am besten vorgehen.

 Hier geben wir Ihnen **Praxisbeispiele**, die zeigen, wie die Thematik von anderen konkret umgesetzt wird.

 Wo Sie dieses Symbol sehen, weisen wir Sie auf **Hürden und Hindernisse** hin, die einer Umsetzung erfahrungsgemäß oft im Wege stehen.

1   Einleitung

Projektmanagement ist in den heutigen Industrien nicht mehr wegzudenken. In mittleren und größeren Unternehmen hat in den letzten Jahren die Projektarbeit stark an Bedeutung gewonnen. Größere, funktionsübergreifende Aufgaben wickelt man fast nur noch in Projektform ab.

Matsushita und ABB, aber auch deutsche Klein- und Mittelbetriebe kämpfen mit wachsenden Forschungs- und Entwicklungskosten: Bereits heute übersteigen vielerorts die Aufwendungen für den Aufbau neuen Wissens die Ausgaben für Investitionen um Faktoren. Forschungs- und Entwicklungsmanagement gewinnen an Bedeutung und Übersichtlichkeit. Die Gefahr steigt, mit ausgeklügelter Planungsmethodik alle Kreativität zu ersticken. Die Qual der Wahl zwischen kreativem Chaos und effizienter Disziplin steigt, gefragt ist situationsgerechtes Projektmanagement. Beispielsweise steuern viele kleine Unternehmen ihre Forschung und Entwicklung (F&E) nach wie vor über ein pauschales Jahresbudget.

So entwickelt und produziert etwa die englische mittelständische Firma Norma Products Ltd. Schellen zur Rohrbefestigung im Automobil- und Sanitärbereich ohne große Planungshilfen. Aber ihre Produkte gibt es grundsätzlich nur in fünf Form- und acht Materialvarianten. Die zahlreichen kundenspezifischen Anpassungs- und Weiterentwicklungsprojekte laufen ohne Projektorganisation und ohne Teams ab, das heißt, sie sind durch Einzelpersonen noch zu bewältigen. Die Prozessinnovation umfasst im Wesentlichen den Zukauf neuer Produktionsanlagen.

Zunehmende Komplexität und Produktvielfalt verlangen eine bessere Koordination der vielfältigen Projektaktivitäten durch Formalisierung der Projektprozesse. Die meisten F&E-Abteilungen versuchen deshalb, ihre Planung durch Projektauftragsformulare, Unterschriftenregelungen, Projektstrukturpläne und Pflichtenhefte zu unterstützen. Produkthaftpflicht und falsch verstandene ISO-Zertifizierung fördern die detaillierte Dokumentation des unternehmensinternen F&E-Prozesses zusätzlich. Häufig wird dabei jedoch über das Ziel hinausgeschossen. Umfangreiche Werke in Form von Entwicklungshandbüchern verstauben in den Schränken der Mitarbeiter.

 In vielen Unternehmen wie BMW, Balzers, Leica ergänzen oder ersetzen „Kurzversionen" die übertrieben detaillierten Handbücher. ISO 9001 richtig verstanden lässt diese Entwicklung durchaus zu.

Eingefleischte Planer versuchen allerdings immer wieder, die Zuverlässigkeit und Kontrollierbarkeit der Routineprozesse in der Fabrikation auf innovative Prozesse zu übertragen. Die Resultate entsprechen leider nicht immer den Erwartungen. Eine übertriebene Regelungsdichte führt bekanntlich zu einem Vollzugsnotstand, der unter dem chronischen Zeitdruck in der F&E rasch Freiräume unkontrolliert anwachsen lässt und Entwicklungszeiten noch stärker in die Länge zieht. Viele erfahrene Entwicklungsmitarbeiter lehnen deshalb alle Regelungen in einer Überreaktion grundsätzlich ab: „Echte Innovation beruht auf Kreativität, die nicht durch formelle Regeln gesteuert werden kann. Generalstabsmäßige Planung und Innovation sind unvereinbar."

Diese provokative Aussage unterstreicht deutlich das Ergebnis einer größeren Umfrage in Mitteleuropa: Projektmanagement-Methoden sind zwar weit verbreitet, die Effizienz lässt aber zu wünschen übrig. Traditionelle Planungsmethoden des Projektmanagements, welche sich auf Komplexitätsreduktion durch Arbeitsteilung und Vereinfachung stützen, reichen im heutigen dynamischen, interdisziplinären Projektumfeld tatsächlich nicht mehr aus.

Produktentwicklung bedeutet letztlich die Veränderung des bestehenden Produktsortimentes. Immer mehr wird jedoch Projektmanagement auch auf andere betriebliche Veränderungsvorhaben angewandt: EDV-Projekte, Reorganisationsprojekte, Kostensenkungsprojekte, Investitionsprojekte, Entwicklung neuer Geschäftsfelder, Logistikprojekte etc.

Modernes Management braucht eine integrierte Projektsteuerung, welche Leistung, Termine, Kosten und Ressourcen gleichzeitig betrachtet und auch Projektmanagement-Methoden laufend anpasst. Moderne EDV unterstützt dabei die meisten Prozesse. Gezielter Einsatz der vielfältigen Instrumente und Methoden verhindert eine Übersteuerung, bei der keine flexible Anpassung auf neue Tatbestände erfolgen kann. Meilensteinpläne sind nicht, wie vielfach üblich, starr termingebunden, sondern richten sich vielmehr flexibel nach außerordentlichen Ereignissen wie zum Beispiel: Prototyp besteht Tests nicht, Konkurrenzprodukte erobern den Markt, ein neues unerwartetes Marktsegment öffnet sich, erste Kunden äußern Unzufriedenheit mit Testprodukten.

Die Vielfalt an vorhandenen Methoden ermöglicht einen flexiblen Einsatz der Instrumente. Generell gilt: Der Planungsanteil nimmt ab, der Steuerungsanteil steigt und mit ihm auch die Integration von Funktionen und Managementebenen.

Dieses Buch gibt eine kurze Einführung in die wichtigsten Methoden und Werkzeuge des Projektmanagements, wie sie vor allem bei der Entwicklung von neuen Produkten anzutreffen sind.

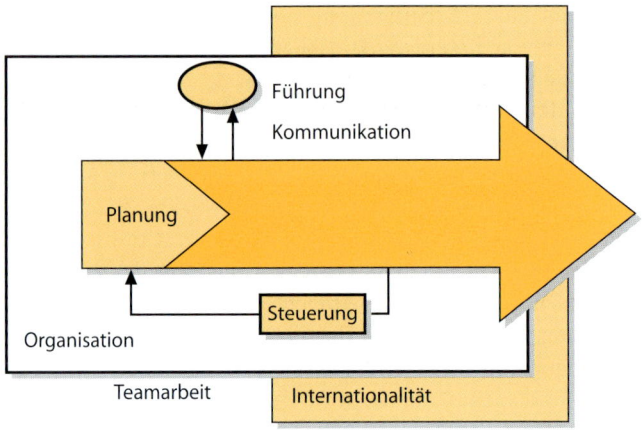

Bild 1: *Erfolgreiches Projektmanagement berücksichtigt 6 Elemente*

Folgende Schwerpunkte werden in den einzelnen Kapiteln beschrieben:

▶ Projektorganisation
▶ Projektplanung
▶ Projektsteuerung
▶ Multiprojektmanagement
▶ Teamarbeit
▶ Internationale Projekte
▶ Lernen aus Projekten

Dabei werden sowohl die einzelnen Schritte ihrer Durchführung beschrieben als auch Hinweise gegeben, auf welche Faktoren bei ihrem Einsatz besonders geachtet werden muss.

1.1 Warum Projektmanagement?

Die Wettbewerbsbedingungen werden ständig härter, der Zeitdruck bei der Durchführung von Aufgaben steigt an, und die meisten Aufgaben sind durch wachsende Komplexität und Interdisziplinarität gekennzeichnet: Neue Produkte müssen in immer kürzerer Zeit entwickelt werden. Die Marktanforderungen steigen bei gleichzeitig explodierenden Entwicklungskosten. Aber auch andere Veränderungen im betrieblichen Umfeld müssen immer schneller abgewickelt werden. So muss man etwa Investitionsentscheide immer schneller treffen und umsetzen, da der Wettbewerbsvorteil, der daraus erwächst, oft nur kurz anhält.

EDV-Verantwortliche waren an der Jahrtausendwende mit zuvor noch nie da gewesenen Herausforderungen wie dem „Jahr-2000"-Problem konfrontiert. Ständig kommen neue Softwareversionen mit häufig kaum abzuschätzenden Folgeproblemen auf den Markt. In den 90er Jahren stellten Megafusionen wie Norvatis und DaimlerChrysler Hunderttausende von Mitarbeitern vor einmalige und hoch komplexe Aufgabenstellungen.

Diese Aufgaben lassen sich nicht mehr in der routinemäßigen, hierarchischen Linienorganisation bewältigen. Die Organisationsstrukturen wandeln sich von trägen, funktionsorientierten Palästen zu flexiblen Zeltstrukturen, die sich stetig verändern und den neuen Anforderungen anpassen. Neben den Spezialisten braucht die Firma immer stärker Generalisten, die sich in kurzer Zeit in neue Problemstellungen einarbeiten und zeitlich knapp terminierte Vorhaben umsetzen.

Da nicht nur die Großunternehmen, sondern immer stärker auch kleine und mittlere Unternehmen international aktiv sind, stehen die Projektleiter von standortübergreifenden Vorhaben nicht selten vor völlig neuen organisatorischen und kulturellen Herausforderungen.

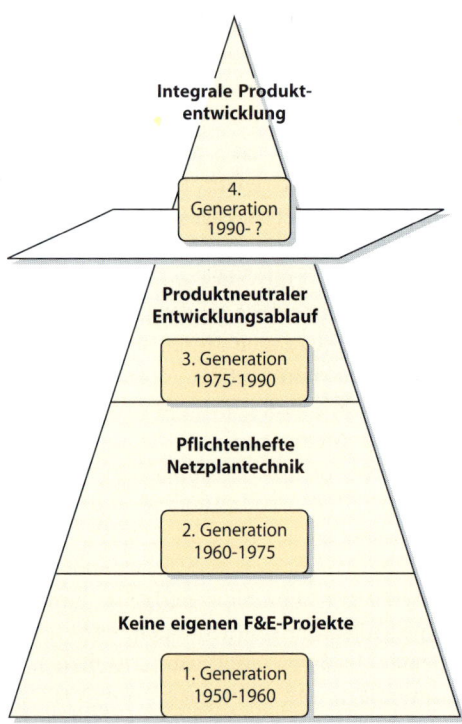

Bild 2: *Das Projektmanagement entwickelt sich ständig weiter*

Flexibles und gleichzeitig hoch professionelles Vorgehen durch ein ganzheitliches Projektmanagement ist gefordert. „Die einzigen Konstanten des Erfolges sind Flexibilität und die permanente Bereitschaft zur Veränderung."

Früher ist häufig der Eindruck entstanden, Projektmanagement sei zu aufwendig und kompliziert und daher für kleinere Vorhaben nicht anwendbar. Dicke, kaum lesbare Projekthandbücher von Großunternehmen verstärkten diesen Eindruck. Doch dies trifft nicht zu.

Richtig verstanden ist Projektmanagement ein starkes Instrument, doch gilt auch hier: KISS (Keep It Simple, Stupid). Einfachheit ist höchstes Gebot! Gleichzeitig ist von Entwicklungsingenieuren häufig zu hören: „Innovationen lassen sich nicht managen." Neue Ideen und strukturiertes Vorgehen, Kreativität und Disziplin widersprechen sich jedoch nicht. Ganzheitliches Projektmanagement fördert beides.

Erfolgreiche Projekte weisen allesamt vier Merkmale auf:

- Die richtigen Projekte
- Die richtigen Mitarbeiter
- Die richtige Organisation
- Die richtige Projektsteuerung

Das Projektmanagement hat sich bezüglich dieser Merkmale stark verändert. Hat in den frühen 50er Jahren ein visionärer, autoritärer Unternehmer mit einer Hand voll guter Konstrukteure als Erfolgsgarant ausgereicht, so benötigt man heute oft starke Projektleiter für international zusammengesetzte oder gar verteilte Teams.

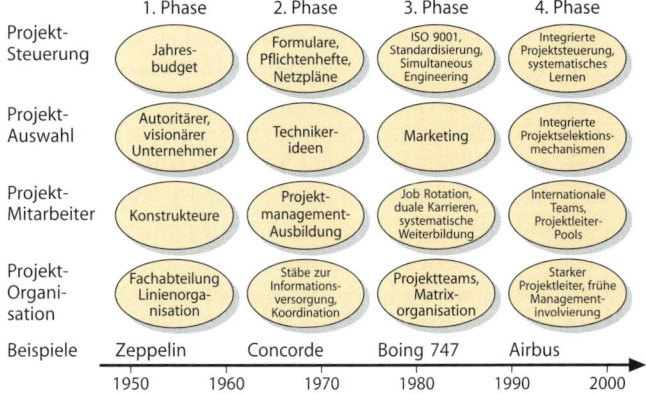

Bild 3: *Projektmanagement – heute zentraler Bestandteil in modernen Unternehmen*

1.2   Was ist ein Projekt?

Projekte sind **einmalige Vorhaben**, die **zeitlich begrenzt** sind, **besondere Komplexität** aufweisen und **interdisziplinär** ablaufen.

 In der Praxis bezeichnen viele Unternehmen alle Aktivitäten als „Projekte". Erfüllen alle „Projekte" in Ihrer Organisation die oben genannten Bedingungen?

Häufig sind die Ziele anspruchsvoll, die Dynamik in Projekt und Umwelt sehr hoch und der Projektgegenstand neu für das Unternehmen.

Diese Besonderheiten erfordern eine spezifische Projektorganisation: Bei strategischen, hoch komplexen Projekten ist dies eine **autonome Teamorganisation** mit einem starken Projektmanager. Projekte kann man aber auch in einer **Matrixorganisation** mit mehr oder minder starkem Projektkoordinator durchführen. Eine Matrixorganisation ist aber immer ein Kompromiss und erfordert hohe Konfliktfähigkeit.

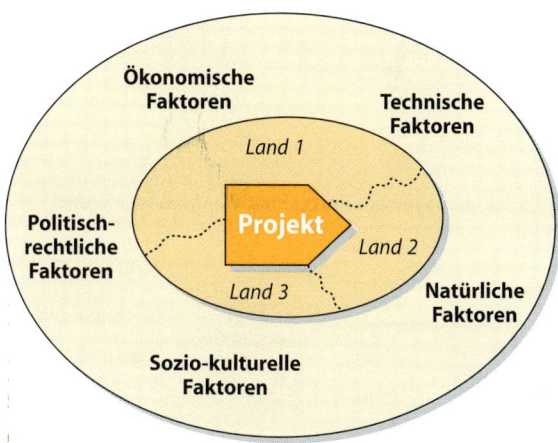

Bild 4: *Einflussfaktoren auf das Projektmanagement*

 Jedes Projekt benötigt eine projektspezifische Organisation, die zur spezifischen Aufgabe passt.

Projektmanagement muss situativ angepasst werden:

Neubau

Schiffsbau

Dissertation

Satellitenentwicklung

Reorganisation

Fusion   Wahlkampf

EDV-Vorhaben

Produkt-
entwicklung

Akquisition

Antibiotika-
Entwicklung

Forschungs-
vorhaben

Stilllegung
eines Werkes

Brot backen

Rationalisierungs-
Vorhaben

Tool-Einführung

Aufbau eines
Werkes

Produkt-
einführung

SAP-
Einführung

Bild 5: *Merkmale und Beispiele für Projekte*

2   Projektorganisation

Eine Struktur ist ein Beziehungszusammenhang zwischen Elementen eines Systems. Die Komplexität, der Umfang und der interdisziplinäre Charakter eines Projektes bedingen sowohl eine zeitliche als auch eine thematische Strukturierung.

Die **zeitliche Gliederung** oder Ablauforganisation geschieht oft durch Phasenbildung und wird im so genannten Ablaufplan dargestellt.

Die **thematische Gliederung** hingegen findet sich im Projektstrukturplan wieder. Dieser nun ist die Grundlage für die Aufbauorganisation des Projektes, da daraus die zur Projektabwicklung benötigten Funktionen, Disziplinen oder Bereiche hervorgehen.

2.1   Projektablauf

Jedes Projekt durchläuft einen Lebenszyklus. Je nach Zeitbedarf und Anzahl der beteiligten Personen bedarf dieser Lebenszyklus einer mehr oder weniger detaillierten zeitlichen Strukturierung. Diese Ablaufstrukturierung beschreibt die Schrittfolge, in der das Projektziel erreicht werden soll (Phasen).

Eine minimale **Struktur** ist die Aufteilung in folgende vier Phasen:

▶ **Projektauftrag:** Definition des Projektes.
▶ **Projektplanung:** Detailplanung des Projektes.
▶ **Projektdurchführung:** Die eigentliche Projektarbeit!
▶ **Projektabschluss:** Der geordnete Abschluss des Projektes und Sicherung des entstandenen Wissens.

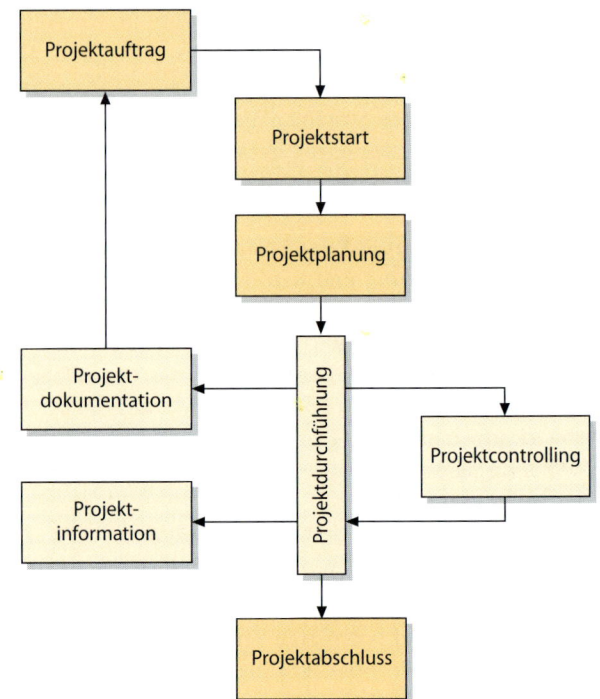

Bild 6: *Die vier Phasen als Minimalversion eines Projektablaufes*

Neben den vier Projektphasen finden sich weitere wichtige Elemente im Sinne von **permanenten Aufgaben** in einem Projekt:

▶ **Projektdokumentation:** Das Ergebnis vieler Projekte ist „nur" Papier in Form von Konzepten, Anträgen, Studien, Zeichnungen und Stücklisten.

▶ **Projektinformation:** Information über den Projektstand an Auftraggeber und andere definierte Interessengruppen.

▶ **Projektcontrolling:** Überprüfung und Steuerung des Projektes im Sinne von Soll-Ist-Abgleichen.

Bei größeren Projekten teilt der Leiter die eigentliche Projektarbeit weiter auf in klar definierte Projektphasen mit Abschlusspunkten in Form von „Meilensteinen" und mit „Freigaben" für darauf folgende Phasen.

2.1.1 Meilensteine

Unter einem Meilenstein versteht man ein definiertes, termingebundenes Sachergebnis. Ein solcher Meilenstein gilt erst dann als erreicht, wenn das geforderte Ergebnis vollständig und verifiziert vorliegt. Nach der Erreichung eines Meilensteines wird im Allgemeinen eine Projektfreigabe bis zum nächsten Meilenstein durch den Auftraggeber oder ein definiertes Steuergremium erfolgen.

 Für die Überprüfung der inhaltlichen Erreichung eines in der Projektplanung definierten Meilensteines empfiehlt sich die Anwendung der **Review-Technik**.

2.1.2 Freigaben

Eine Freigabe ist ein formeller und dokumentierter Entscheid zur Weiterführung von Projekttätigkeiten im definierten Umfang.

Solche Projektfreigaben sind formelle Freigaben von definierten Projektschritten gemäß der Meilensteinplanung. Nachdem das Erreichen eines in der Projektplanung definierten Meilensteines durch Review-Berichte verifiziert ist, wird die Freigabe des nächsten geplanten Projektschrittes formell durch das Freigabegremium vorgenommen. Die Freigabeverfahren sollen angemessen an die Projektgröße durchgeführt werden.

 Wenn ein Projekt zu Beginn nicht richtig strukturiert wurde, dann lassen sich rückblickend oft folgende sieben Phasen identifizieren:
- Enthusiasmus
- Desillusionierung
- Panik
- Suche nach den Schuldigen
- Bestrafung der Unschuldigen
- Auszeichnung/Belohnung der Unbeteiligten
- Vernichtung aller noch brauchbaren Dokumente

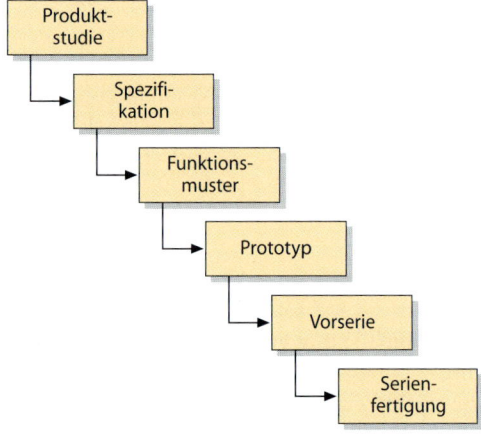

Bild 7: *Beispiel der Ablauforganisation eines Entwicklungsprojektes*

Bild 7 zeigt ein Beispiel einer Phasenstruktur, wie sie in vielen Entwicklungsprojekten zumindest in ähnlicher Form angewendet wird.

2.2 Aufbauorganisation

Mehrere Funktionen und Instanzen müssen die Projektdurchführung unterstützen. Deshalb ist eine Koordinierung und Abstimmung der oftmals unterschiedlichen Interessen notwendig. Diese Koordination und das damit verbundene Planungs-, Sach- und Finanzrisiko sowie die personellen Anforderungen an Qualität und Quantität erfordern ebenfalls das Engagement des Managements. Deshalb gibt es auch verschiedene „Mitspieler" in einem Projekt:

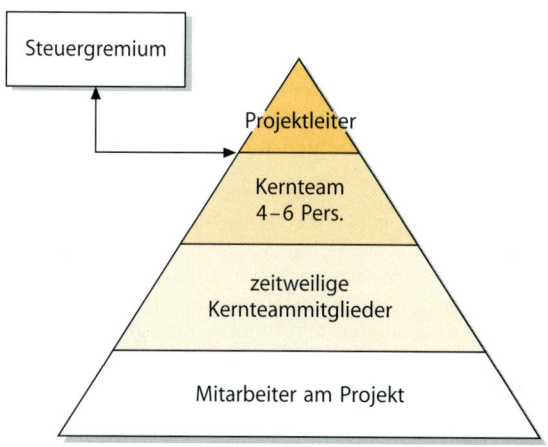

Bild 8: *Eine Projektorganisation hat verschiedene „Mitspieler"*

▶ Lenkungsausschuss
▶ Projektleiter
▶ Kernteam
▶ Zeitweilig beteiligte Kernteammitglieder
▶ Projektunterstützende Stellen in oder außerhalb des Unternehmens als Mitarbeiter am Projekt

2.3 Projektleiter

Die Funktion des Projektleiters ist in vielen Fällen in eine Matrixorganisation eingebettet. Dies bedeutet, dass die Mitarbeiter im Projekt dem Projektleiter zwar fachlich, jedoch nicht disziplinarisch unterstellt sind. Damit ein Projektleiter die vereinbarten Projektziele erreichen kann, muss eine Reihe von **Anforderungen** erfüllt sein:

▶ Der Projektleiter verfügt über die erforderlichen Vollmachten und Ressourcen.
▶ Er trägt die alleinige Verantwortung für die Einsatzplanung der Projektmitarbeiter.
▶ Er verfügt über die erforderlichen Räumlichkeiten, die technischen Einrichtungen sowie die finanziellen Mittel.

 In der Firma Beuel AG ist es Pflicht, dass ein Projektleiter neben seiner Ingenieursausbildung über fundierte betriebswirtschaftliche Kenntnisse verfügt. Warum? Weil der Projektleiter sehr autonom und im direkten Kontakt mit dem Kunden sein Projekt durchführt. Ein einfaches Kundenprojekt hat ein Volumen von einigen hunderttausend Euro und kann schnell in Millionenhöhe gehen. „Projektleiter, die mit solchen Beträgen umgehen, müssen zwingend über fundierte betriebswirtschaftliche Kenntnisse verfügen …", bemerkt der Geschäftsleiter der Beuel AG zu diesem Thema.

Der Projektleiter plant und steuert das ihm übertragene Projekt in Bezug auf:

▶ Termine
▶ Kosten
▶ Ergebnisse

Gegenüber anderen Teammitgliedern hat er folgende Aufgaben:

▶ Anleitung und Unterstützung
▶ Einführung von neuen Projektmitgliedern
▶ Kommunikation und Information
▶ Motivation

Je nach Größe des Projektes muss der Projektleiter mehr oder weniger Generalist sein. In großen Projekten ist die Teammoderation eine weit wichtigere Aufgabe als spezielle Fachkenntnisse in gewissen Einzeldisziplinen. Bild 9 stellt das Anforderungsprofil an den „idealen Projektleiter" dar.

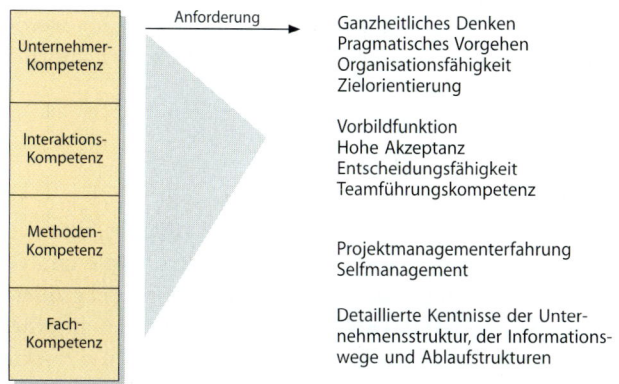

Bild 9: *Anforderungen an einen Projektleiter*

2.4 Lenkungsausschuss

Neben der temporären Projektgruppe mit ihrem Projektleiter gibt es den Projekt- oder Lenkungsausschuss. Dieses Gremium wird vom Auftraggeber gebildet. Der Vorsitzende des Ausschusses ist üblicherweise eine in der Hierarchie möglichst weit oben angesiedelte Person, zum Beispiel der Geschäftsführer. Die Mitglieder des Ausschusses sind häufig Leiter der im Projektauftrag genannten Abteilungen oder Fachbereiche. Der Lenkungsausschuss ist oder vertritt den Auftraggeber und ist der Sponsor für das Projekt. Er tagt an Terminen wichtiger Meilensteine, an denen eine strategische Entscheidung notwendig ist, und übernimmt Aufsichts- und Führungsfunktionen.

Eine zentrale Entscheidung stellt die Projektabbruchentscheidung dar. Eine wesentliche Aufgabe des Projektleiters ist es, den Lenkungsausschuss immer auf einem aktuellen Informationsstand bezüglich des Projektes zu halten. Falls der Projektleiter sieht, dass das Projekt im Rahmen seiner Kompetenzen nicht mehr auf Kurs gehalten werden kann, so muss er den Lenkungsausschuss sofort informieren.

2.5 Kernteam

Das Kernteam strukturiert die Projektaufgabe, diskutiert alternative Vorgehensweisen und Lösungskonzepte und verabschiedet schließlich gemeinsame Beschlüsse. Bei größeren Vorhaben delegiert das Kernteam Teilaufgaben an unternehmensinterne oder externe Stellen, in kleineren Projekten wird das Kernteam selbst die definierten Aufgaben erledigen.

Im Zuge des Outsourcings führen immer mehr Drittfirmen und Zulieferer Entwicklungsaufgaben durch. Projektteams befinden sich an mehreren Standorten. Damit wächst auch die Koordinationsaufgabe, die ein Kernteam übernehmen muss. Selten lassen sich globale Produkte für den Weltmarkt im Stammsitz alleine entwickeln.

> Moderne Projektstrukturen brauchen eine hohe Integration: Das Topmanagement ist bereits in frühen Phasen involviert, da es dort am meisten beeinflussen kann. In funktions- und unternehmensübergreifenden Kooperationen werden breite Lösungen angestrebt: Innovation ist nicht auf einzelne Funktionalitäten beschränkt, sondern umfasst auch Prozesse!

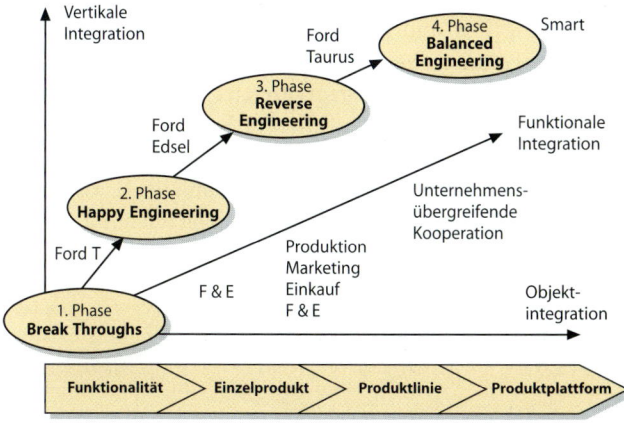

Bild 10: *Vom Happy Engineering zum Balanced Engineering*

2.6 Einbettung des Projektes im Unternehmen

Projekte sind oftmals „Fremdkörper" in einer Organisation. Sie beschäftigen sich nicht mit dem „Daily Business", sondern mit der Schaffung von Neuem. Deshalb ist auch ihre Eingliederung in die bestehende Firmenorganisation von großer Bedeutung für Erfolg oder Misserfolg. Letztlich entscheidet der Auftraggeber, welche Projektorganisation das jeweilige Projekt braucht. Man unterscheidet drei Projektformen:

▶ Die reine Projektorganisation
▶ Die Einfluss- oder Stabs-Projektorganisation
▶ Die Matrix-Projektorganisation

2.6.1 Die reine Projektorganisation

Die Projektmitarbeiter werden aus ihren Stammabteilungen herausgelöst und zu einer neuen Organisationseinheit unter der Leitung des Projektleiters zusammengefasst, der damit temporär ihr Linienvorgesetzter wird. Das Projektteam arbeitet vollamtlich an diesem Projekt. Aufgrund der sehr weit gehenden Kompetenzen hat der Projektleiter in sachlicher, terminlicher und kostenmäßiger Hinsicht ein hohes Maß an Verantwortung für die Zielerreichung.

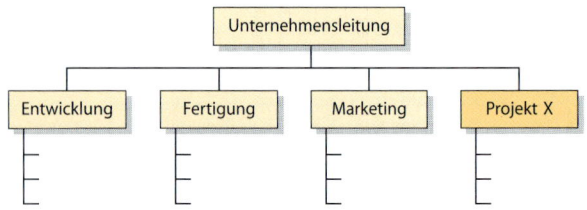

Bild 11: *Die reine Projektorganisation*

Der generelle Anwendungsbereich dieser Organisationsform liegt bei großen Projekten, die lange dauern und von großer Bedeutung für das Unternehmen sind.

2.6.2 Stabs-Projektorganisation

Innerhalb des Unternehmens bleibt die Hierarchie unverändert weiter bestehen, das Management ergänzt sie lediglich durch einen so genannten Projektkoordinator.

Charakteristisch für diese Organisationsform ist, dass der Projektkoordinator über keine Weisungsbefugnisse verfügt. Man kann ihn somit weder für die sachliche, terminliche noch kostenmäßige Erreichung bzw. Nichterreichung der Projektziele verantwortlich machen.

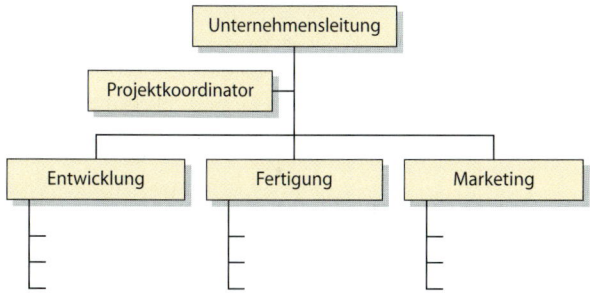

Bild 12: *Die Stabs-Projektorganisation*

Diese Organisationsform kommt insbesondere bei kleinen Projekten mit geringer Bedeutung für das Unternehmen zur Anwendung. Sie eignet sich beispielsweise für kleine Produktänderungs-Projekte.

2.6.3 Matrix-Projektorganisation

Bei der Matrix-Projektorganisation handelt es sich um eine Kombination von reiner Projektorganisation und Stabs-Projektorganisation.

Im Sinne einer Matrixunterstellung bleiben die Mitarbeiter in administrativer Hinsicht sowie in jenen Belangen, die nicht projektbezogen sind, den Linienvorgesetzten unterstellt. In Projektbelangen hat der Projektleiter aber ein zu vereinbarendes Zugriffsrecht auf die einzelnen Mitarbeiter.

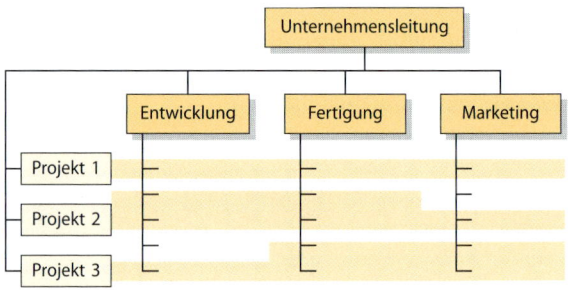

Bild 13: *Die Matrix-Projektorganisation*

Diese Organisationsform hat einen sehr breiten Anwendungsbereich und eignet sich für eine Vielzahl von Projekten. Die Herausforderung liegt in der Kompetenzabgrenzung zwischen dem Projekt- und dem Abteilungsleiter.

Diese Organisation stellt offensichtlich hohe Anforderungen an die Konfliktfähigkeit der gesamten Organisation.

Bei sehr großen Projekten hat es sich bewährt, während des Projektablaufes die Form der Aufbauorganisation zu wechseln. So empfiehlt sich in einer frühen Phase eine Stabs-Projektorganisation, später eine reine Projektorganisation.

Bei der Produktentwicklung verläuft die erste Phase meist in einem kleinen informellen Team (Matrix), die Entwicklung in einer reinen Projektorganisation und die Produkteinführung am Markt in einer Stabs-Projektorganisation.

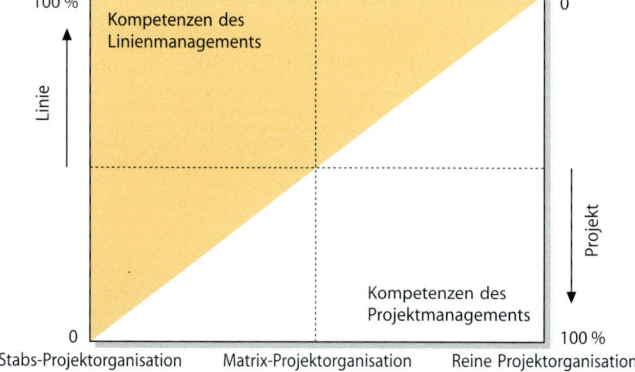

Bild 14: *Weisungs- und Entscheidungskompetenz in den verschiedenen Organisationsformen*

3 Projektplanung

Obwohl wenige Manager die Notwendigkeit einer klaren Planung in der Praxis bestreiten, stellt sie eine zentrale Schwachstelle dar. Projektmitarbeiter empfinden Planung häufig mehr als Barriere als eine Hilfestellung.

Eine schlechte Planung ist jedoch meist die Ursache für Projektfehlschläge und Zielabweichungen.

 Stets findet Überraschung statt, wo man sie nicht erwartet hat. (*Wilhelm Busch*)

3.1 Projektauswahl

Die Projektselektion erfolgt über Auswahlmechanismen, bei denen Marketing und Technik in einem ausgewogenen Verhältnis stehen. Multinationale, technologieintensive Großunternehmen differenzieren bei der Priorisierung zudem nach Projekttypen:

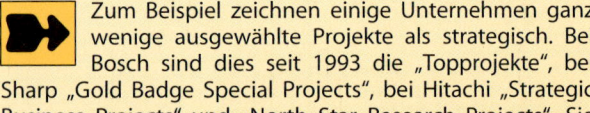 Zum Beispiel zeichnen einige Unternehmen ganz wenige ausgewählte Projekte als strategisch. Bei Bosch sind dies seit 1993 die „Topprojekte", bei Sharp „Gold Badge Special Projects", bei Hitachi „Strategic Business Projects" und „North Star Research Projects". Sie stehen unter direkter Aufsicht des Topmanagements.

Eine steigende Anzahl von spartenübergreifenden Querschnittstechnologieprojekten zeigt die wachsende Bedeutung von Multiplikationseffekten in der F&E. Neue Technologien sind teuer und riskant; Kooperationen eignen sich am besten für eine effiziente, rasche Diffusion im Unternehmen. Bei Hitachi sind dies „Core R&D Projects", bei NEC und seit einiger Zeit auch bei Siemens „Core Projects".

Diese großen Vorhaben beruhen meist auf unternehmensintern vertraglich geregelten Projektfinanzierungen und einer differenzierten Verteilung der Produktrechte bei der Kommerzialisierung.

Für die Projektauswahl können verschiedene Kriterien herangezogen werden:

▶ Besteht ein echter Bedarf für das Projekt (Verkaufsvolumen, Marktanteil, EDV-System, bezahlender Kunde)?

▶ Ist der erwartete Nutzen hoch genug? Dies wird häufig gemessen an der Kennzahl „Return on Investment" (ROI):

$$ROI = \frac{(\text{Nutzen} - \text{Kosten})}{\text{Investition}}$$

- Lässt sich die technische Komplexität beherrschen? Für den Projektstart müssen die Grundlagen abgeklärt sein. Technologieentwicklung und Produktentwicklung sind zu trennen.
- Sind die Risiken bezüglich des Marktes kalkulierbar? Häufig werden detaillierte technische Risikoanalysen erstellt, die meist jedoch sehr viel unsichereren Marktprognosen kaum hinterfragt.
- Stehen genügend Ressourcen zur Verfügung?

Die **Kosten-Nutzen-Relation** priorisiert Projekte. Da Projektplanungen immer auf die Zukunft ausgerichtet sind, diskontiert man Kosten und Nutzen auf den Gegenwartswert (Net Present Value).

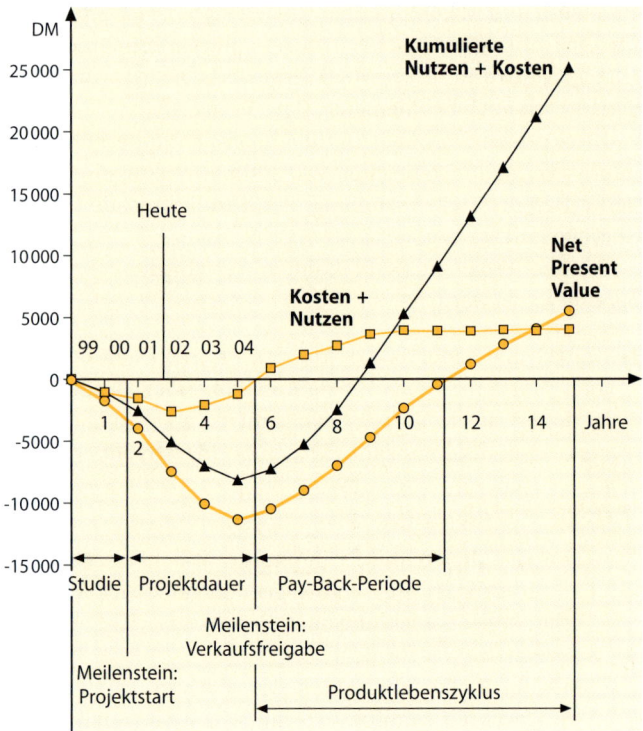

Bild 15: *Kosten-Nutzen-Betrachtung am Beispiel eines neuen Produktes*

3.2 Projektstart

Bevor man ein größeres Projekt startet, werden Ideen gesammelt sowie Ziele, Wirtschaftlichkeit und technische Machbarkeit abgeklärt. Dabei reduzieren sich die Unsicherheiten schrittweise.

Das Projektziel ist die Basis des Projektes; ungenügend scharf formulierte Ziele führen zu Konfusion und sind oft die Ursache für Projektfehlschläge.

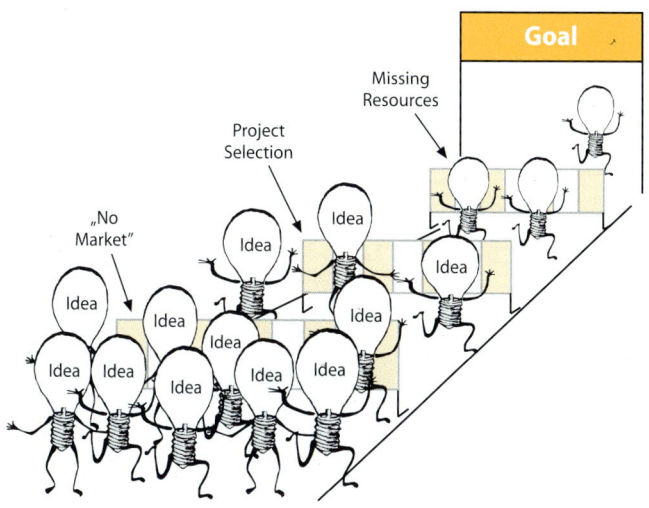

Bild 16: *Die Hürden des Projektstarts*

Nach den Lehrbüchern haben Projekte einen klar definierten Anfang sowie ein klar definiertes Ende, doch wie sieht die Praxis aus?

Ein Projekt entsteht aus einer vagen Idee und muss um Anerkennung Spießruten laufen. Ohne Projektsponsor im Management geht es nicht.

Folgende drei Vorgehensschritte haben sich bewährt:

▶ Suche einen Experten, der die Idee auch gegenüber fachlichen Kritiken verteidigen kann (Fachpromotor).

▶ Suche Unterstützung im Topmanagement (Machtpromotor). Ein begeistertes Konzernleitungsmitglied, welches die Vision teilt, kann manche einfache Idee in ein „strategisches Projekt" umwandeln.

▶ Suche einen geeigneten Projektmanager, der die Werkzeuge kennt und Teams auch funktions- und hierarchieübergreifend moderieren kann (Prozesspromotor).

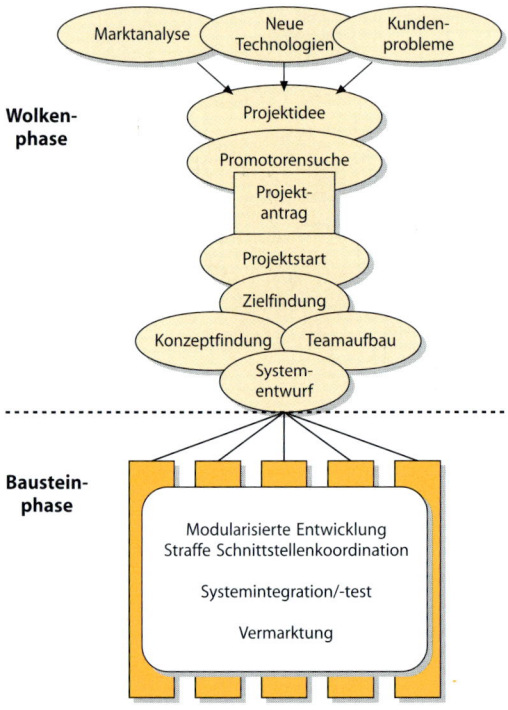

Bild 17: *Trennung des Projektes in eine Wolkenphase (Initiative, Konzept) und eine Bausteinphase (Umsetzung)*

Bei Projektstart zu klären:

- **Ziele:** Was will ich?
- **Vorgehen:** Wie soll das erreicht werden?
- **Prämissen:** Unter welchen Rahmenbedingungen?
- **Maßnahmen:** Welche Maßnahmen müssen getroffen werden?
- **Werkzeuge:** Welche Hilfsmittel werden benötigt?

3.3 Zielplanung

„Als wir das Ziel aus den Augen verloren hatten, haben wir unsere Anstrengungen verdoppelt."

Die Zielplanung ist für den Projekterfolg von großer Bedeutung. Ein Ziel ist ein angestrebter, zukünftiger Zustand. Ein Ziel beinhaltet weder Lösung noch Lösungsweg. Gute Projektziele sind:

▶ **Richtig:** Wird das Gewünschte getroffen?
▶ **Machbar:** Sind die Ziele erreichbar?
▶ **Akzeptiert:** Stehen die Betroffenen dahinter?
▶ **Motivierend:** Sind die Ziele herausfordernd?
▶ **Operativ:** Sind die Ziele eindeutig/verständlich?

Ziele lassen sich unterscheiden in Sach- und Qualitätsziele, Termin- und Kostenziele. Zwischen diesen Zielgrößen bestehen starke Abhängigkeiten. Die Änderung einer Zielgröße hat fast immer eine Auswirkung auf eine der anderen Zielgrößen.

Bei der Zielplanung hat sich das **„Denken in Extremen"** bewährt. Ziele müssen radikal sein, da man in der Realität meist weniger erreicht, als man in der Planungsphase angestrebt hat. Intelligentes Planen berücksichtigt dies und kalkuliert den Drift nach unten mit ein.

Zeitreserven sind notwendig, da sich kurz vor Projektabschluss die unvorhersehbaren Ereignisse häufen: Marktanforderungen verändern sich, technische Barrieren entstehen, Teamstörungen unter hohem Druck treten auf. Eine Zeitreserve ist wichtig.

Das Gleiche gilt für **Kostenziele**: Bei Projektbeginn lohnt es sich, das Unmögliche zu denken. Radikale Kostenüberlegungen fördern die Innovationskraft; ein Konzept darf man nur weiterverfolgen, wenn es über genügend Kostenfreiraum verfügt. Dies zwingt die Projektbeteiligten, das Sicherheitsdenken abzubauen und damit eine Überkonzeption zu vermeiden.

Um in Folgeprojekten jedoch glaubwürdig zu bleiben, müssen die Teammitglieder unbedingt über diese Spielregeln aufgeklärt werden.

 Denke in Extremen. Plane stets Zeit- und Kostenreserven für Unvorhergesehenes ein.

3.4 Projektstrukturplan

Im Rahmen der Aktivitätenplanung sind die anstehenden Aufgaben vollständig zu erfassen. Die Teilprojekte und Arbeitspakete werden im Projektstrukturplan erfasst. Hier steht die hierarchische Strukturierung des Projektes im Mittelpunkt. Die Art der Strukturierung hängt stark vom Projektgegenstand ab:

▶ **Objektorientierte Strukturierung:** Die Module oder Bauteile des Projektgegenstandes (z. B. ein neu zu entwickelndes Produkt) definieren die Strukturelemente.

▶ **Funktionsorientierte Strukturierung:** Die beteiligten Fachabteilungen oder Fachdisziplinen definieren die Strukturelemente (z. B. Mechanik, Elektronik, Software).

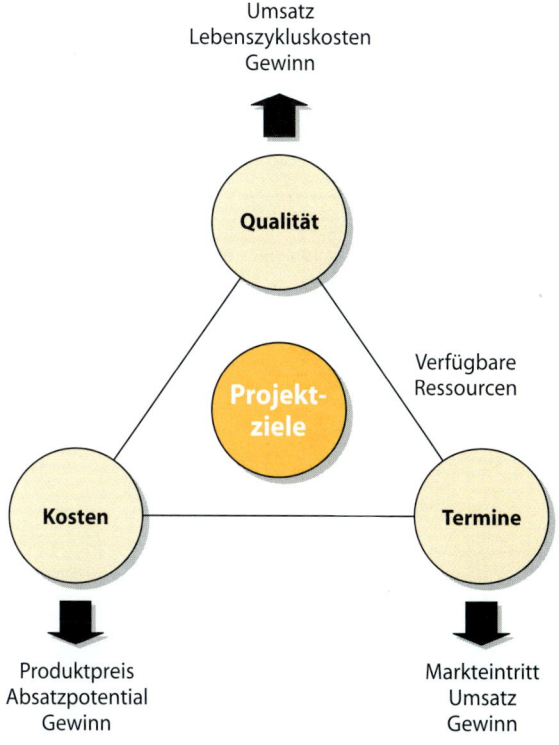

Bild 18: *Magisches Dreieck der Ziele*

▶ **Ablauforientierte Strukturierung:** Die zeitliche Ablaufstrukturierung definiert auch die Elemente der Projektstruktur.

In Produktentwicklungsprojekten ist oftmals die Produktstruktur das treibende Element für die Projektstrukturierung. In dieser Produktstruktur wird festgelegt, aus welchen Teilsystemen, Baugruppen, Bauteilen und Dienstleistungen ein Produkt besteht.

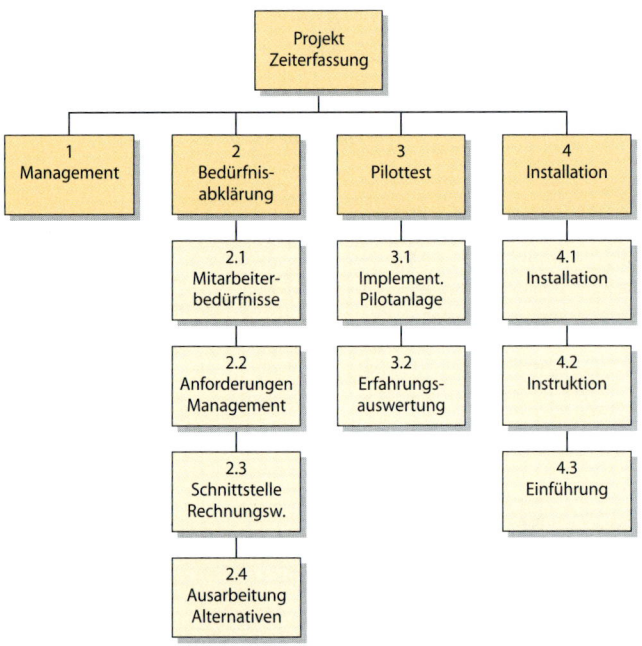

Bild 19: *Projektstrukturplan für ein Organisationsprojekt*

Die Tiefe des Strukturplanes hängt ab von der Größe, der Komplexität, dem Innovationsgrad sowie vom Risiko des Projektes.

3.4.1 Planung von Arbeitspaketen

Der Projektstrukturplan wird dazu benutzt, das Projekt in Form von einzelnen Arbeitspaketen zu planen. Aus diesem Grund wird im Englischen der Begriff „Work Breakdown Structure" benutzt. Jedes Strukturelement stellt ein Arbeitspaket dar.

Projekt: Arbeitspaket: Verantwortlich:	
1. Abgrenzung, Inhalt und Umfang (Was ist zu tun?):	
2. Zu erstellende Dokumente:	
3. Abstimmung mit anderen Arbeitspaketen:	
4. Einzuhaltende Spezifikationen, Richtlinien etc.:	
5. Kapazitätsbedarf:	
6. Ecktermine - geplanter Start: - geplantes Ende:	

Bild 20: *Beispielformular einer Arbeitspaket-Beschreibung*

 „Wenn man alles aufschreibt, kann man es kaum mehr verändern." (Ch. Berg, Leiter F&E Phonak AG)

In Entwicklungsprojekten umfassen die Projektstrukturpläne mehr als nur die Struktur des zu entwickelnden Produktes. Das reine F&E-Management entwickelt sich zu einem integrierten Innovationsmanagement, bei dem parallel zu den Produktinnovationen viele betroffene Geschäftsprozesse neu gestaltet werden. Eine Produktinnovation verbindet sich dann etwa zwingend mit einer Logistikinnovation wie der Schaffung völlig neuer Distributionsformen.

Innovationen bleiben nicht mehr länger auf die Schaffung von neuen Produkten und Prozessen beschränkt, sondern umfassen die aktive Gestaltung sämtlicher vom Produkt tangierten Strukturen und Geschäftsprozesse.

 Hewlett Packard entwickelt pro Produkt eine „globale Stückliste" und baut parallel mit der Produktinnovation neue Logistikkanäle auf. Das neue F&E-Projektmanagement überträgt Konzepte der Produkt-F&E auf Geschäftsprozesse.

Die Kernkompetenzen des Unternehmens bestehen nicht mehr aus reinen „Technologiebündeln", sondern umfassen immer mehr auch servicerelevante Bereiche wie Logistik und Vertrieb. Nur mit einem gezielten Leistungsbündel kann das Unternehmen eine hohe Kundenbindung erreichen. Methoden des Reengineerings bringen interne Geschäftsprozesse auf höchste Effizienz.

3.5 Projekte realistisch planen

Kern jeder Projektplanung ist die realistische Ermittlung von Terminen. Trotz hoher Unsicherheiten kann hier eine systematische Vorgehensweise helfen. Man darf nur nicht die Genauigkeit übertreiben.

Von besonderer Bedeutung ist der **kritische Pfad**: Alle Aktivitäten, die auf diesem Pfad liegen, erfordern eine besondere Aufmerksamkeit des Managements. Die Probleme in der Projektabwicklung zeigen sich spätestens bei der Überschreitung von Kosten- und Terminzielen oder beim Auftreten von Qualitätsmängeln.

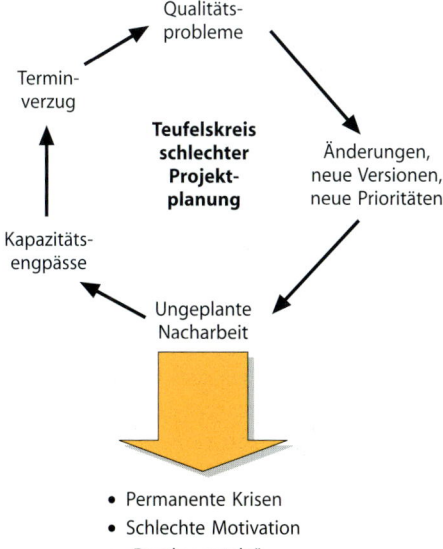

Bild 21: *Typischer Projektverlauf bei schlechter Projektplanung*

Bei beschränkten Ressourcen werden Personen von anderen Projekten abgezogen, um das kritische Projekt zu retten – das nächste Projekt gerät so ohne eigenes Zutun unter Druck. Permanente Überlastung verschlimmert die Situation schrittweise. Dieser Teufelskreis lässt sich nur durch eine disziplinierte Terminplanung durchbrechen.

Häufig neigen eingefleischte Planer zu einem überzogenen Detaillierungsgrad, der aber nur eine Scheingenauigkeit ist. Das Topmanagement lässt sich vielleicht aufgrund von Unwissenheit der Details überzeugen – das Projektteam ist jedoch durch eine sich ständig ändernde Planung frustriert und nimmt die Planung nicht mehr ernst.
Eine der Unsicherheit angemessene Planung ist daher unerlässlich. Weit entfernte Ereignisse sollte man auch nur grob planen.
Durch eine Konzeptphase, bei der rechtzeitig mögliche Probleme abgeklärt werden, kann man viel Aufwand, Kosten und Ärger vermeiden.

3.6   Meilensteinplanung

Auch hoch innovative Projekte können einen formalen Prozess durchlaufen: An wichtigen Meilensteinen des Projektes muss der Projektleiter mit seinem Projektteam vor dem Lenkungsausschuss Rechenschaft ablegen. Ist das Projekt noch richtig auf Kurs?

Meilensteine

▶ beschreiben ein überprüfbares **Ergebnis** mit definierten Kosten an einem bestimmten Termin,
▶ müssen eine wesentliche **Zäsur** beinhalten und frühzeitig festgelegt werden,

▶ beinhalten **logische Abschnitte**, wo inhaltliche Entscheidungen getroffen werden und oft Verantwortlichkeiten wechseln,

▶ ermöglichen eine „Stop-or-Go"-**Entscheidung** durch den Auftraggeber.

Meilensteine ermöglichen

▶ eine paketweise Ablaufstrukturierung,

▶ die Koordination von Zwischenergebnissen,

▶ die Überprüfung des Projektstatus,

▶ die Motivation des Projektteams durch Herausforderung,

▶ den Einblick des Auftraggebers sowie ein Feedback.

Ungern wird bereits im Voraus über den Projektabbruch gesprochen. Doch ein guter Projektleiter stoppt das Projekt, sobald er erkennt, dass die erwartete Kosten-Nutzen-Relation nicht erfüllt ist. Zielsetzungen und Abbruchkriterien an den zentralen Meilensteinen („Tore") unterstützen diesen Entscheid.

Meilensteinplanung steht nicht im Widerspruch zu der Ende der 80er Jahre aufgekommenen parallelen Abwicklung von Produkt- und Prozessentwicklungen, dem **Simultaneous Engineering**. Eine allumfassende Parallelisierung führt zu Koordinationsproblemen, schadet der Transparenz und fördert die Tendenz, erfolglose Projekte nicht abzubrechen und dadurch Kapazität zu binden. Eine minimale, im Voraus abgestimmte Parallelisierung, die sich auf den zeitkritischen Pfad konzentriert, bietet immer noch genügend Managementherausforderung.

In der Unternehmenspraxis laufen häufig „tote" Projekte ohne jegliche Erfolgschancen weiter, weil der Mut zum Abbruch fehlt. Technologieabklärungen gehen ohne Entscheidungszäsur über in größere Projekte, die sich nicht mehr stoppen lassen.
Dabei sagt bereits eine alte Weisheit der Dakota-Indianer: „Wenn Du auf einem toten Pferd reitest, dann steige ab." Weder Ausschüsse zur Abklärung der Sachlage noch zusätzliche Peitschen können das Pferd zum Ziel bringen.

So ist eine **Trennung von Vorprojektphase und Projektphase** von größter Bedeutung für die rasche Durchführung von F&E-Projekten. Während in der ersten Phase die Konzeption unter Einsatz von Kreativitätstechniken erfolgt („Wolkenphase"), bringt in der zweiten Phase ein hartes und zeitorientiertes Projektmanagement („Bausteinphase") meist die größten Erfolge.

 Die BASF unterstreicht diese Differenzierung sogar durch eine interne Sprachregelung. In der Anfangsphase des F&E-Prozesses spricht man noch nicht von einem „Projekt" oder einem „Prozess", sondern nur von „Aktivitäten". Nur die Genehmigung durch den Lenkungsausschuss eines Geschäftsbereiches kann „Aktivitäten" in ein „Projekt" überführen.

Der erste Meilenstein stimmt deshalb meist mit dem Abschluss der Vorentwicklungsaktivitäten überein. Das Management überprüft zusammen mit dem Team nochmals Markt- und Technologiegrundlagen für die Produktentwicklung und passt den Entwicklungsprozess auf die projektspezifischen Besonderheiten an. Damit erhält die Entwicklung die nötige Flexibilität. Ein Projekt mit inkrementaler Innovation benötigt zum Beispiel tendenziell weniger Stufen und Tore als Projekte, die auf radikale Innovationen abzielen.

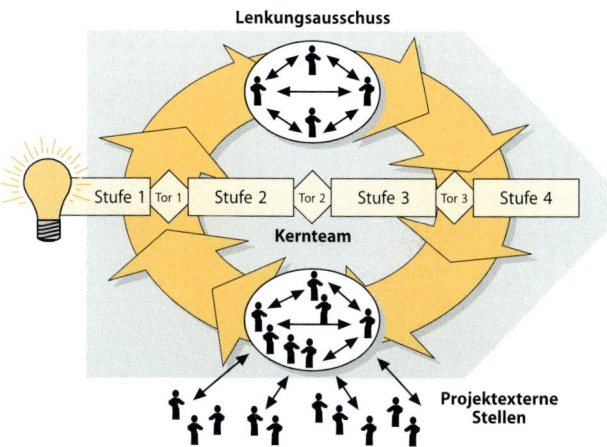

Bild 22: *Tore fallweise festgelegt, Projektabbruch als „verdeckter"*
Erfolgsfaktor

Erzeugen hohe Komplexität und Dynamik laufend neue Umweltbedingungen, kommen unerwartet Konkurrenzprodukte auf den Markt oder ändern sich Kundenwünsche, so ist ein flexibler Einsatz des Meilensteinprozesses von Vorteil, z. B. Volvos „Stage-Gate-Prozesse": An bestimmten Toren kann der Projektleiter den Ideentrichter wieder öffnen, Reviews durchführen und notfalls das ganze Konzept noch einmal völlig hinterfragen. Eine Änderung des Gesamtkonzeptes wirkt allerdings stets motivationshemmend und erfordert den Einbezug des ganzen Entwicklungsteams.

3.7 Balkendiagramm für einfache Projekte

Kleinere Projekte lassen sich gut in einem Balkendiagramm (auch „Gantt Chart" genannt) planen. Die einzelnen Aktivitäten erscheinen als Balken. Zeitliche Überlappungen sieht man sofort.

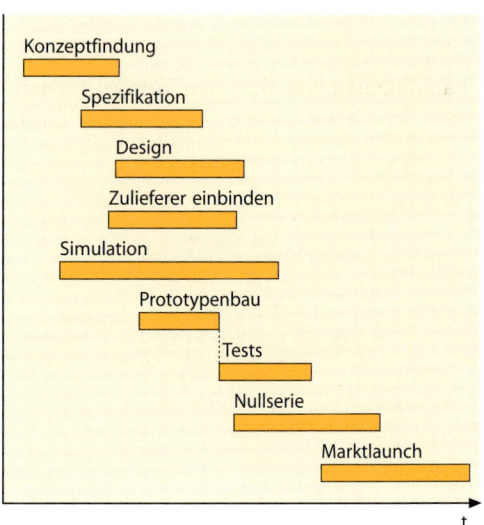

Bild 23: *Einfache Projektplanung durch Balkendiagramm*

3.8 Netzplantechnik

Für komplexere Projekte reichen Balkendiagramme als einziges Planungsinstrument nicht mehr aus.

Die Netzplantechnik ist ein in der Regel rechnergestütztes Planungsverfahren, welches die Abhängigkeiten zwischen den Projektvorgängen aufzeigt.

Die wichtigsten Methoden unterscheiden sich vor allem in der formellen Darstellung:

▶ **CPM** (Critical Path Method)
Beim CPM werden die Vorgänge als Pfeile dargestellt („Vorgangspfeil-Netzplan").

▶ **MPM** (Meta Potential Method)
Beim MPM werden die Vorgänge als rechteckige Vorgangsknoten dargestellt. Die Verbindungspfeile stellen die Abhängigkeiten zwischen den Vorgängen dar.

lfd. Nr.	Vorgang	Verant-wortl.	Zeit-bedarf in Wochen	Abhängigkeit	
				Vor-gänger	Nach-folger
1	Problem-definition	Konzept-team	8	–	2.3
2	Konzept-findung	Konzept-team	6	1	4
3	Grobdesign	Designer	2	1	4
4	Spezifikati-onsaufstel-lung	Entwick-lung + Marketing	3	2.3	5.6
5	Feindesign	Designer + Entwicklung	4	4	7
6	Entwurf	Entwicklung	3	4	7
7	Simulation	Entwicklung	7	5.6	8.9
8	Konstruktion	Entwicklung	8	7	10
9	Prototyp-entwicklung	Werkstatt	3	7	***
10	Herstellung von Muster-teilen	Werkstatt	4	8	***

Bild 24: *Vorgangsliste – die Basis des Netzplans*

▶ **PERT** (Program Evaluation and Review Technique)
PERT ist ein Ereignisknoten-Netzplan, bei dem die Ereignisse als Knoten und die Tätigkeiten als Pfeile abgebildet werden.

Im Folgenden wird der **CPM-Netzplan** als gängigstes Netzplanverfahren näher erläutert:
Der erste Schritt zur Erstellung eines Netzplanes ist die Aufstellung einer **Vorgangsliste**, in der man sämtliche Tätigkeiten des Projektes (Vorgänge) auflistet. Basis hierzu ist der Projektstrukturplan. Zu jedem Vorgang gehören eine laufende Nummer, die verantwortliche Stelle, die geschätzte Zeitdauer sowie die Abhängigkeiten zu den Vorgänger- und Nachfolger-Vorgängen.
Auf Basis der Vorgangsliste erstellt man den Netzplan. Im folgenden CPM-Netzplan-Beispiel ist ein einfaches Projekt dargestellt (siehe Bild 25).
Die Pfeile stellen die Vorgänge dar. In den Knoten sind die Ereignisse nummeriert mit jeweils frühestem und spätestem Eintrittszeitpunkt versehen.
Der kritische Pfad kennzeichnet die zeitkritischen Vorgänge des Projektes; eine Verzögerung dieser Vorgänge führt zu einem Zeitverzug des gesamten Projektes. Alle anderen Aktivitäten haben einen zeitlichen Puffer.

Der kritische Pfad eines Projektes erfordert besondere Aufmerksamkeit des Projektleiters. Es ist sinnvoll, die kritischen Vorgänge in kürzeren Abständen zu reviewen.
Gleichzeitig muss aber gerade in diesen Aktivitäten der administrative Aufwand gering gehalten werden. (Störungen!)

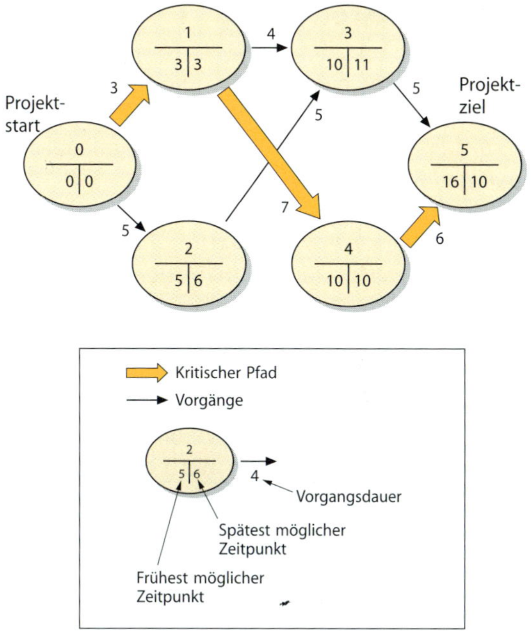

Bild 25: *CPM-Netzplantechnik*

Häufig werden kleinste Details der Umsetzung am Ende des Projektes „methodenverliebt" bis auf Stunden geplant. Jedes Projekt ist aber mit Unsicherheiten behaftet. Daher muss adäquat geplant werden:

> Späte Vorgänge sind grober zu planen als frühe Vorgänge. Zu viel Aufwand bei der Planung von Detailaktivitäten in späten Projektphasen macht die Planung unzuverlässig und senkt Akzeptanz und Disziplin der Planung.

4   Projektsteuerung

Das Projektmanagement kann man als **Regelkreis** betrachten. Die Projektplanung ist abgeleitet vom übergeordneten Projektziel, das in der Regel von einem internen oder auch externen Auftraggeber vorgegeben ist. Nach dem Motto „Erst denken, dann handeln" erfolgt die Planung von Projektablauf, Kapazität, Zeitbedarf und Kosten. Diese stellen die Soll-Vorgaben für die zu treffenden Maßnahmen dar.

Die Realität entspricht meist jedoch nicht den Planvorgaben, da falsche Annahmen getroffen wurden oder externe Störungen auftreten, die man zu Beginn nicht sah.

Typische externe Störungen eines Entwicklungsprojektes sind neue Marktanalysen, neue Wettbewerbsprodukte im gleichen Segment, erhöhte Rohstoffpreise, Lieferprobleme des Zulieferers oder bessere Substitutionstechnologien. Durch die Projektüberwachung erfolgt der Soll-Ist-Abgleich, der unmittelbar Rückkoppelung an die Projektplanung zu geben hat.

Zu viel Rückkoppelung an die Projektplanung führt zu Chaos. Zu wenig Anpassung der Planung an ein verändertes Umfeld lässt das Projekt am Ziel vorbeischießen. Häufig sind Entwicklungsprojekte durch zu viele ständige Zieländerungen gekennzeichnet; ein Einfrieren der Spezifikationen ist hier förderlich.
Auf der Technologieentwicklungsseite findet hingegen häufig ein zu starres, marktfernes Festhalten an einer Technologie statt. Hier ist es sinnvoll, insbesondere die Zielplanung häufiger bezüglich Projektnutzen und Technologieverfügbarkeit zu überdenken.

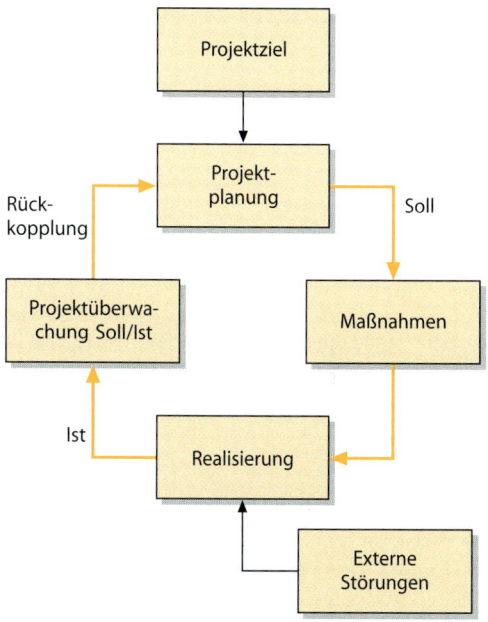

Bild 26: *Regelkreis des Projektmanagements*

4.1   Projektcontrolling

Das Projektcontrolling sorgt für die Überwachung und Steuerung des Projektes im aufgezeigten Regelkreis. Dies umfasst die Überwachung von

▶ **Projektfortschritt** bzgl. der Sachziele, Qualität und Quantität,

▶ **Terminen,** v. a. die kritischen Vorgänge mit deren Abhängigkeiten,

▶ **Kosten,** laufende Verfolgung der verbrauchten zu den geplanten Kosten,

▶ **Kapazität,** regelmäßiger Check von geplanter zu verbrauchter Kapazität.

 Eines Morgens stand der Reinraum (Spacelab Projekt) unter Wasser, weil die Integrationsgemeinschaft einen Wasserhahn nicht wie vorgeschrieben zugedreht hatte. Eine neue Vorschrift, nach der das Zudrehen jeweils durch sechs Unterschriften bestätigt werden muss, sollte eine Wiederholung dieses Fehlers verhindern. 14 Tage später stand die Halle wieder unter Wasser, dies, obwohl oder gerade weil sechs Unterschriften bestätigten, dass der Wasserhahn zugedreht war. Was ist hier schief gelaufen? Hat der Projektleiter etwa Controlling mit Kontrolle verwechselt?

 In vielen Unternehmen sieht das Projektteam im Controlling mehr ein notwendiges Übel als eine effiziente Unterstützung des Projektmanagements. Schuld daran sind meist die aufwendigen Berichte und bürokratischen Prozesse.
Controlling ist nicht gleich Kontrolle!
Statt dessen hat das Controlling einen **Service** für das Projektmanagement und das Steuerungsgremium zu leisten. Flexible Reportingprozesse erhöhen die Akzeptanz der Controller.

Das Projektcontrolling macht der Projektleiter selbst oder eine externe Stelle (z. B. Controlling).

Die Hilfsmittel dazu sind:

▶ Berichterstattung und Information,

▶ Koordination, insbesondere der projektübergreifenden Projektvorgänge,

▶ Projektbesprechungen,

▶ Entscheidungsvorbereitung bei Präsentation vor dem Steuerungskomitee.

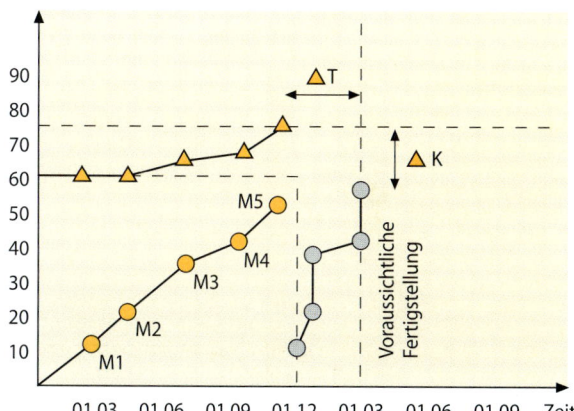

Legende:

⬤	Fortgeschrittener Termin der Fertigstellung
⬤	Tatsächlich angefallene Kosten zum Zeitpunkt des M
▲	Fortgeschriebene Gesamtkosten
▲T ▲K	Derzeitige Abweichung von der ursprünglichen Planung
T	Zeit
K	Kosten
M	Meilenstein

Bild 27: *Controlling von Kosten und Zeit – Kosten und Termine müssen integriert betrachtet werden*

4.2 Punktlandungen erzielen

Bei einer Planabweichung führen eingeleitete Korrektur-
maßnahmen häufig zu einer Überreaktion, was wiederum
nach Gegenmaßnahmen ruft.

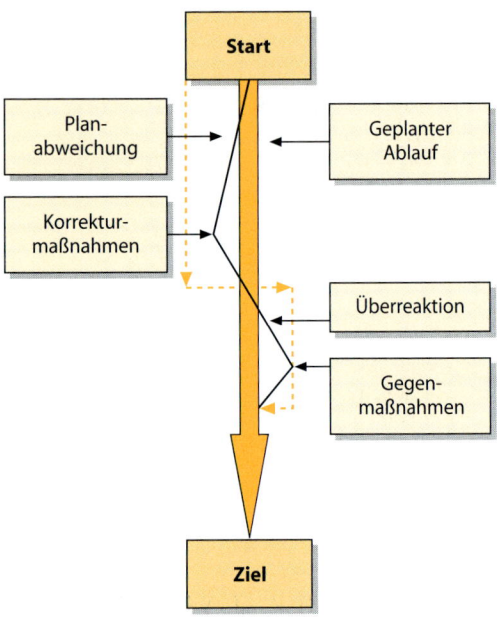

Bild 28: *Zielerreichung durch Punktlandung*

 Oft gilt es, widersprüchliche Ziele zu optimieren.
Die Folgen einer Korrekturmaßnahme muss man
rechtzeitig und möglichst vollständig abschätzen.
Dadurch wird ein hektisches Pendeln zwischen Varianten
vermieden.

Bild 29: *„Gute Nachricht. Wir haben das Projekt zeit- und budgetgerecht abgeschlossen. Alles, was wir noch tun müssen, ist zu prüfen, warum es nicht funktioniert hat."*

4.3 Projektrisiken

Es gibt eine Vielzahl von Risiken, die sich im ungünstigsten Zeitpunkt bemerkbar machen und damit den geplanten Projektablauf stören. Die folgende Liste von typischen Schwachstellen und Unzulänglichkeiten in Projekten soll helfen, solche Risiken zu erkennen.

Risiken bei den Projektzielen

▶ Ziele sind unklar oder werden laufend verändert.
▶ Es besteht Uneinigkeit in wesentlichen Elementen der Zielsetzung (z. B. zwischen Auftraggeber und Projektleiter).
▶ Die Ziele werden von maßgeblichen Stellen nicht oder nur theoretisch akzeptiert, aber praktisch nicht unterstützt.

Risiken beim Vorgehen

▶ Keine erkennbare Logik im Vorgehen, wie z. B. keine Untergliederung in Projektphasen mit klar herausgearbeiteten Zwischenergebnissen und Entscheidungspunkten.

▶ Zu starres bzw. zu bürokratisches Vorgehen; Methodik erschlägt Probleme und Lösungsideen (siehe Bild 30).

▶ Kein Projektmarketing.

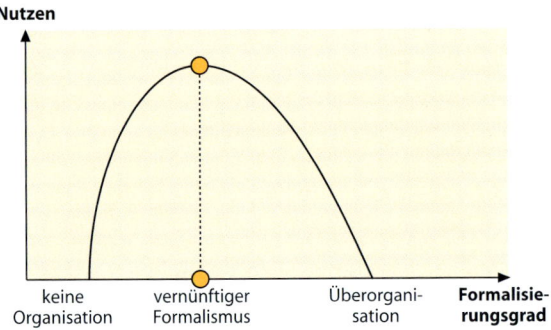

Bild 30: *Vom Nutzen der Formalistik*

Risiken bei den Instrumenten

▶ Unzureichende, evtl. auch übertriebene Verwendung, beispielsweise hinsichtlich Methoden/Projektstrukturierung, Informationsbeschaffung, Anwendung von Werkzeugen, Entscheidungssituationen, Projektplanung, Projektverfolgung, Risikoabschätzung, Projektinformations- und Berichtswesen.

Risiken in der Organisation

▶ Unzweckmäßige Einbindung der Projektgruppe in die Unternehmenshierarchie.

▶ Unklare, nicht ausreichende Regelungen und Kompetenzen.

▶ Zu große Freiräume.

▶ Kein (funktionierender) Projekt- oder Lenkungsausschuss.

▶ Unzureichende Einbindung bzw. Verankerung der Anwender in der Projektgruppe bzw. im Projekt- oder Lenkungsausschuss.

Risiken beim Personellen

▶ Kein (erkennbarer) Projektleiter, d. h. er kann nicht „ziehen", will nicht, darf nicht.

Risiken beim Menschlichen

▶ Ungeeigneter Projektleiter.

▶ Nicht bewältigte Doppelbelastung des Projektleiters bzw. der Mitglieder des Projektteams (Alltagsgeschäft/Projektarbeit). Keine Zeit.

▶ Nicht bewältigte Konflikte zwischen Projekt- und Fachbereichsinteressen.

▶ Überforderung hinsichtlich Qualifikation (Fachwissen, Teamfähigkeit, Führungsfähigkeiten).

▶ Unzureichende Kommunikation nach innen und außen.

▶ Angst vor Neuerungen bzw. Mitverantwortung seitens der Anwender/Benutzer.

▶ Angst vor Veränderungen.

4.4   Frühindikatoren

Zielabweichungen im Projekt lassen sich häufig durch Frühindikatoren vorhersagen. Diese sind beispielsweise:

- ▶ Ständige Hektik im Projekt
- ▶ Abnehmende Konsensentscheidungen
- ▶ Unzureichende Planung
- ▶ Wenig qualitätssichernde Maßnahmen
- ▶ Beschwichtigungen statt harter Fakten
- ▶ Erhöhte Fluktuation und Krankheitsstand
- ▶ Sinkende Motivation der Projektmitarbeiter
- ▶ Kritische Einstellung der Projektmitarbeiter zum Projekterfolg
- ▶ Sinkende Sitzungsintervalle bei steigender Sitzungsdauer

 Von großer Bedeutung ist eine effiziente Planung der Sitzungstermine mit vereinbarten Spielregeln.

Für komplexere Aufgaben ist es besser, zwei kurze Sitzungstermine zu vereinbaren statt einer Megasitzung. Dadurch können die Ausarbeitungen zwischen den Sitzungen und nicht in ihnen erfolgen. Die Denkarbeit sollte immer zwischen den Sitzungen stattfinden, abgesehen von wenigen, dafür aber bewusst durchgeführten Kreativitätsmeetings.

4.5 Projektberichte

Der Projektbericht sollte folgende Informationen enthalten:

▶ Projektstatus:
  • o. k.: grün
  • kritisch: gelb
  • Zielverfehlung: rot
▶ Projektaufwände einschließlich der Abweichungen zwischen geplanten Stunden und tatsächlichen Stunden
▶ Frühwarnsignale qualitativer Art:
  • Warum ist das Projekt kritisch?
  • Wie lassen sich die Abweichungen erklären?
▶ Aktionsvorschläge zur Behebung von Soll-Ist-Abweichungen: Wer? Was? Wann?

 Je einfacher der Projektbericht strukturiert ist, desto höher sind die Akzeptanz bei den Projektleitern sowie die Aufmerksamkeit des Topmanagements. Ein kurzer standardisierter Bericht kann ergänzt werden durch vertiefte Information. Jedoch auf keinen Fall sämtliche Projektdaten ständig abfragen. Im Controlling herrscht leider häufig die Tendenz, auch irrelevante Daten abzufragen.

Ohne Einsatz von Methoden wird der Fertigstellungsgrad eines Projektes systematisch unterschätzt. Eine Analyse von 64 Softwareprojekten hat ergeben, dass die Projektleiter 90 % Fertigstellung gemeldet haben, obwohl das Projekt anschließend noch weitere 50 % der Zeit benötigt hat. Zu positive Einschätzung der Projektzielerreichung ist normal!

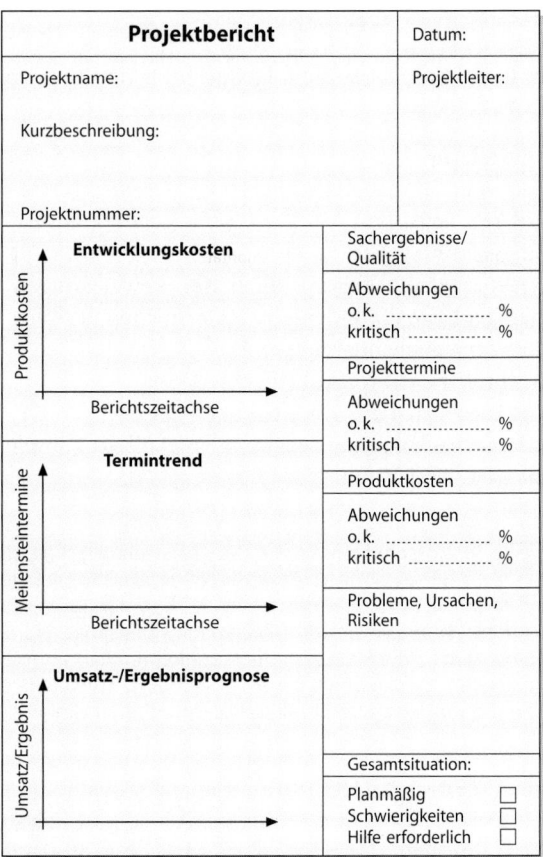

Bild 31: *Formular Projektreport*

Abschlussmeldung zum F&E-Auftrag

Auftragstitel				Auftragsnr.	

Projektleiter

Termine

Name:
Tel. nr.:
Abt. nr.:

Soll-Abschluss:
Ist-Abschluss:
Priorität:

F&E-Kosten

Position	Plan	Ist	Abweichung +/–		Techn. Fertigungsgrad in %
			absolut	in %	
Stunden:					
Kosten:					

Abschlussbericht

Pflichtenheft erfüllt:	ja ☐	nein ☐
Weiterverwendung der F&E-Ergebnisse:	ja ☐	nein ☐

Datum:
Unterschrift:

Bild 32: *Formular eines Abschlussberichtes*

5 Multiprojektmanagement

5.1 Cockpit-Controlling

Das Cockpit-Controlling ist ein effizientes Instrument des Multiprojektmanagements. Es ermöglicht eine Visualisierung sämtlicher zentraler Kenngrößen auf einen Blick (siehe Bild 33 als Faltblatt am Ende des Bändchens). Das Chart wird durch das Controlling 1–2 Mal pro Monat veröffentlicht, sodass alle beteiligten Mitarbeiter sofort sehen, welchen Stand ihr Projekt im Vergleich zu anderen Projekten hat. Für die Akzeptanz sind Regelmäßigkeit und Transparenz sehr wichtig. Die Kenngrößen variieren von Unternehmen zu Unternehmen. Schindlers Cockpit-Chart enthält folgende Größen:

- ▶ **On-Time-Delivery:** Termineinhaltung des Projektes.
- ▶ **Target Costs:** Zielkosten des Produktes.
- ▶ **First-Pass-Yield:** Auf Anhieb richtig oder Nacharbeitung notwendig?
- ▶ **Action-in-Process:** Anzahl der parallel laufenden Projekte. Zu viele Projekte gleichzeitig senken die Produktivität.
- ▶ **Dynamic-Cycle-Time:** Durchschnittliche Projektlaufzeit auf Ebene der Arbeitspakete.
- ▶ **Budgets:** Einhaltung des Budgets.
- ▶ **Corrective-Action-Tracking:** Anzahl der Verbesserungsanträge aus den Ländergesellschaften.
- ▶ **Customer Satisfaction:** Qualitative Umfrage bei den Kunden (Produktmanager, Produktion, Vertrieb, Endkunde).

 Bei Schindler wird das Cockpit-Chart einmal monatlich der Konzernleitung berichtet und veröffentlicht. Dies sorgt für eine hohe Sensibilität der Mitarbeiter bezüglich des Einhaltens von Projektzielen.

In zahlreichen Unternehmen sind die Entwicklungsteams aufgrund begrenzter Ressourcen und zu vieler Projekte hoffnungslos überlastet. Die Wunschliste des Marketings ist lang, und alte Projekte verhindern schnelles Handeln. Da die Listen unerledigter Aufgaben immer länger werden, steigt die Hektik. Statt grundlegender Plattformprojekte werden viele verzettelte Produktpflege-Aktivitäten durchgeführt. Es ist daher wichtig, sorgfältig die Projekte auszuwählen und die Engpässe in den Ressourcen rechtzeitig zu erkennen.

Häufig entstehen Projektdurchhänger, weil ein Projekt zwar gestartet wurde, aber aufgrund mangelnder Ressourcen nur mit halber Kraft vorangetrieben wird. Gleich zu Anfang wird so die Pufferzeit aufgebraucht, die später auftretende Probleme auffangen könnte.

Verspätungen und ineffiziente Hektik kann man vermeiden, wenn man sich auf wenige Projekte konzentriert. Das Kapazitäts-Chart ermöglicht ein effizientes **Ressourcenmanagement** und verhindert, dass zu viele Projekte gleichzeitig gestartet werden.

 Bei Schindler wird das Chart als wichtiges Kommunikationsinstrument eingesetzt, welches verhindert, dass die F&E mit Projekten überladen und damit handlungsunfähig wird. Ohne gesicherte Kapazität startet Schindler kein neues Projekt.
Die F&E erfasst den Ressourcenverbrauch jedes Projektes detailliert zwei Monate zurück sowie zwölf Monate in die Zukunft und konsolidiert diesen über alle Projekte hinweg.

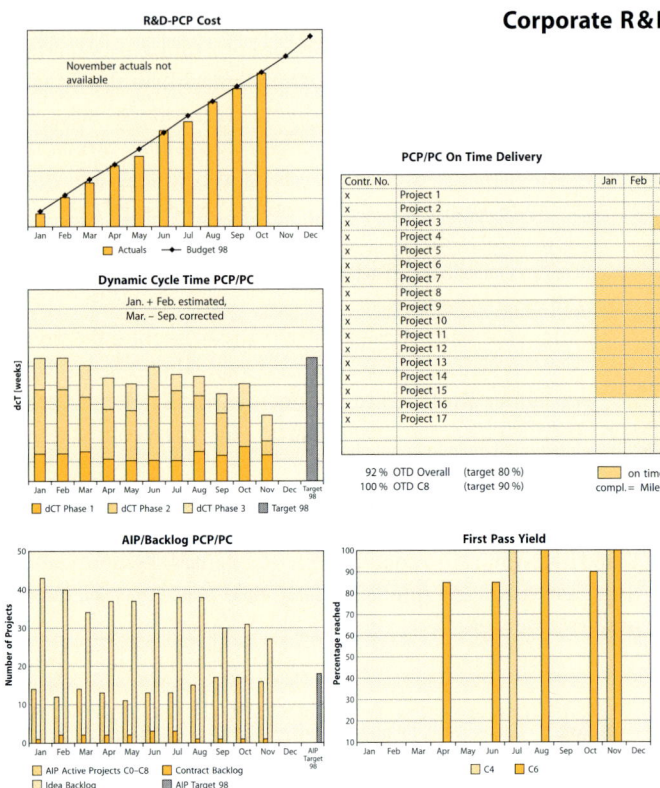

Bild 33: *Multiprojektmanagement mittels Cockpit-Controlling: Alle wichtigen Kenngrößen im Griff*

Measurements

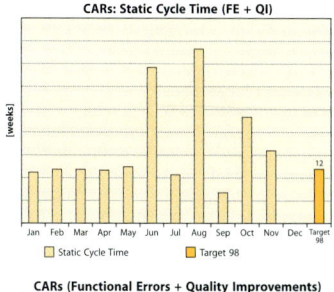

CARs: Static Cycle Time (FE + QI)

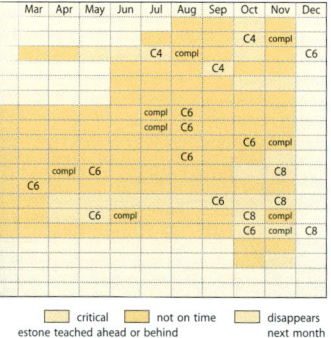

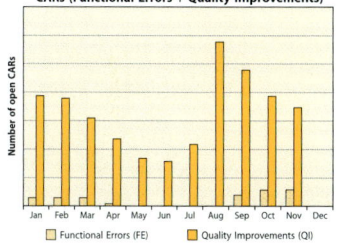

CARs (Functional Errors + Quality Improvements)

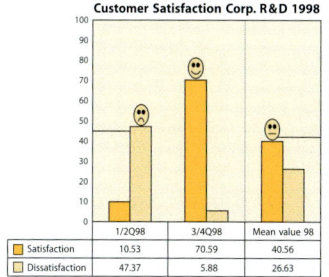

Customer Satisfaction Corp. R&D 1998

	1/2Q98	3/4Q98	Mean value 98
Satisfaction	10.53	70.59	40.56
Dissatisfaction	47.37	5.88	26.63

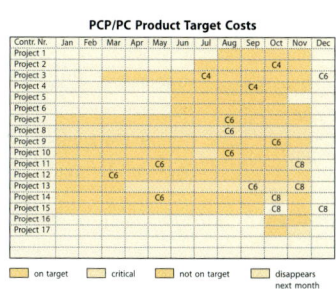

PCP/PC Product Target Costs

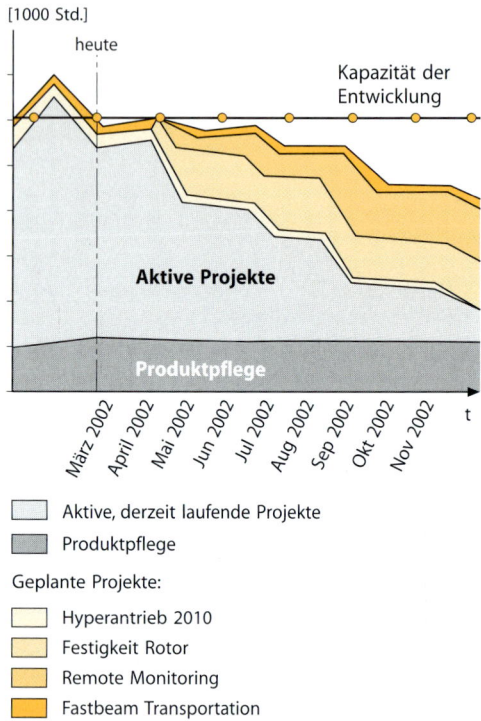

Bild 34: *Kapazitäts-Chart für ein effizientes Ressourcenmanagement*

6 Teamarbeit

 „Einfluss nehmen" – ist der Erfolgsfaktor in der Teamarbeit. Einfluss nehmen können nur Menschen!

Auch mit modernsten Methoden, Werkzeugen und Technologien des Projektmanagements bleibt der Mensch das wichtigste Element der Projektarbeit. Das Projektteam zusammen mit dem Projektleiter verantwortet die Zielerreichung. **Konflikte** sind in solchen Situationen unausweichlich, man kann sie aber positiv und konstruktiv nutzen. Mit zunehmender Internationalisierung von Vorhaben wachsen die Spannungen zusätzlich durch sprachliche Missverständnisse, kulturelle Unterschiede und verschiedene Interessen.

Bild 35: *Ohne kompetente Mitarbeiter hängt jeder Projektleiter in der Luft. Ein Team zu führen heißt deshalb, die Teammitglieder einzubeziehen. Teammitglied zu sein heißt andererseits, Einfluss zu nehmen.*

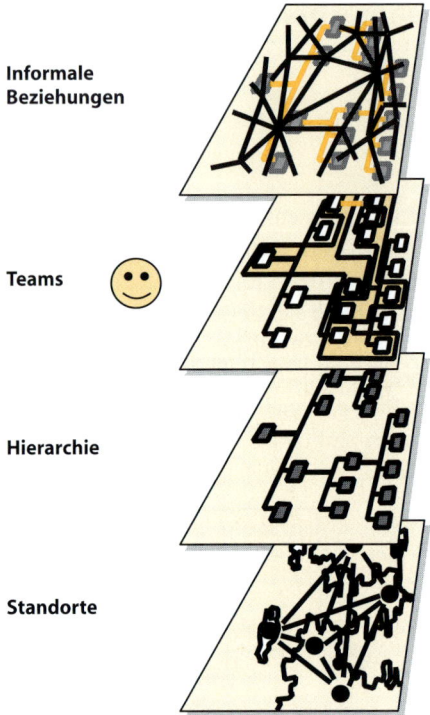

**Informale
Beziehungen**

Teams

Hierarchie

Standorte

Bild 36: *Ein Unternehmen besteht aus vielen Schichten: Gut funktionie-
rende Teams sind der Erfolgsfaktor*

Ein guter Projektleiter muss ein guter Moderator des
Teamprozesses sein. Ein Team braucht eine gewisse Zeit, bis
es auch Leistung erbringt.

Oftmals erreichen Teams jedoch nicht die Phase der Höchst-
leistung. Dies geschieht nicht selten auch deshalb, weil der

Teamleiter den Prozess nicht versteht und deshalb auch nicht richtig steuert. Die kritischen Erfolgsfaktoren eines Teams sind:

▶ Führung
▶ Kommunikation und Interaktion
▶ Methoden

6.1   Was ist ein Team?

Teamarbeit ist oftmals erfolgreicher als herkömmliche Formen der Arbeitsorganisation. Im Gegensatz zu Arbeitsgruppen, die sich hauptsächlich auf die individuellen Leistungen der einzelnen Teilnehmer verlassen, um eine bestimmte Leistung zu erzielen, zielt ein Team auf gemeinsame Verantwortung und den Synergieeffekt zwischen den Einzelleistungen. Die Arbeitsbeiträge der Beteiligten beeinflussen sich gegenseitig. Teammitglieder fühlen sich gemeinsam für die Ziele verantwortlich und suchen gemeinsam nach Wegen und Lösungen.

Das vorrangige Ziel bei der Bildung von Projektteams ist natürlich die Leistung. Das Team bleibt immer das Mittel und ist nicht der Zweck. Mit dem Aufstellen von Projektteams führt man eine Organisationsform ein, welche die Stärken der Einzelnen für das Team nutzbar macht. Teams werden immer dann gebildet, wenn es um anspruchsvolle Leistungsanforderungen geht. Teamarbeit ist dort sinnvoll, wo Aufgaben fachlich übergreifend in direkter Zusammenarbeit besser gelöst werden können. Sie drängt sich auf, wenn es bei der Gesamtleistung darauf ankommt, verschiedene Erfahrungen, Kompetenzen und Disziplinen zusammenzubringen. Dabei handelt es sich meist um neuartige und komplexe Aufgabenstellungen.

Bild 37: *Ein Team ist mehr als die Summe der Beteiligten*

Teams sollten nicht zu groß sein, optimal sind fünf bis acht Personen. Dies ist auch der Grund dafür, dass in Projekten oftmals ein Kernteam in dieser Größenordnung gebildet wird. Ein „Team" von 40 Personen kann die oben genannten Kriterien nicht erfüllen.

6.2 Die Teamentwicklung

Wie wird aus einer Gruppe von Einzelpersonen ein Team? Dieser Teamentwicklungsprozess kann in fünf Phasen beschrieben werden.

1. Forming: Die Formierungsphase
In dieser ersten Phase formiert sich das Team, es bestehen noch Unsicherheiten in Bezug auf die Zielsetzungen und die Form der Zusammenarbeit. Die Gruppe sucht nach Orientierung sowohl innerhalb als auch außerhalb der Gruppe. Hoffnungen und Befürchtungen werden artikuliert, und der Wunsch nach Spielregeln kommt auf.

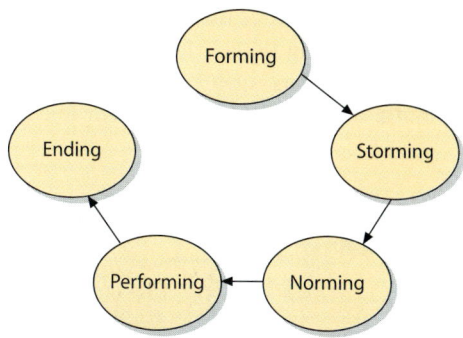

Bild 38: *Die fünf Phasen der Teamentwicklung*

2. Storming: Die Konfliktphase

Die zweite Phase ist geprägt durch implizite oder explizite Machtkämpfe und Konflikte. Es geht um Status, Rang und Hackordnung. Die informellen Führungsstrukturen werden in dieser Phase festgelegt: Wer hat wann wie viel zu sagen? Hier geht es stark darum, Kommunikationsregeln festzulegen, Konflikte zu identifizieren und in positive Energie zu wandeln. Ein guter Teamleiter ist sich bewusst, dass sein Team „da durch muss".

3. Norming: Die Normierungsphase

In dieser Phase bilden sich die Teamregeln und Teamrituale. Man findet einen Prozess für die Prioritätsbildung sowie für die Problemlösung, und die Kommunikation nach innen verbessert sich. Es entsteht eine gegenseitige Akzeptanz, und es entsteht das „Wir-Gefühl".

4. Performing: Die Leistungsphase

In dieser Phase endlich findet das Team die richtige Form, um auch die erwartete Leistung zu erbringen. Das Team hat die richtige Balance zwischen Teamprozess und eigenständiger Aufgabenbearbeitung seitens der Teammitglieder gefunden. Der Kommunikations- und Entscheidungsprozess läuft effizient, und die Teamidentifikation ist sehr hoch.

Bild 39: *In der Performingphase sind alle Teamkräfte auf das gemeinsame Ziel ausgerichtet*

5. Ending: Das Abschiednehmen

Wenn Teams nur auf Zeit zusammenarbeiten – wie dies in Projekten der Fall ist – dann kommt der Zeitpunkt der Auflösung. Hat ein Team die Performingphase erreicht, dann besteht ein hohes „Wir-Gefühl". Ein Projektabschluss ist in diesem Fall immer auch ein Abschiednehmen. Es ist wichtig, dass der Teamleiter diesem Aspekt Rechnung trägt und dem Abschied auch einen entsprechenden Rahmen gibt.

6.2.1 Teamentwicklung ist nicht linear

Es ist nun aber falsch zu glauben, die Teamentwicklung laufe linear durch die fünf oben genannten Phasen. Störungen von innen oder außen können etwa dazu führen, dass ein Team, welches sich bereits in der Performingphase befindet, plötzlich wieder in die Stormingphase zurückgeworfen wird.

Die folgenden Punkte können zu solchen „Nichtlinearitäten" führen:

▶ Veränderungen der Projektziele
▶ Neue Teammitglieder
▶ Veränderungen der Organisation, in die das Team eingebettet ist

Ein gutes Team mit einem effektiven Teamleiter zeichnet sich darin aus, dass es trotz einer Störung sehr schnell wieder in den Zustand vor der Störung zurückkommt und sich wieder weiterentwickelt. Dazu benötigt der Teamleiter Erfahrung und ein entsprechendes Fingerspitzengefühl für den Status des Teams.

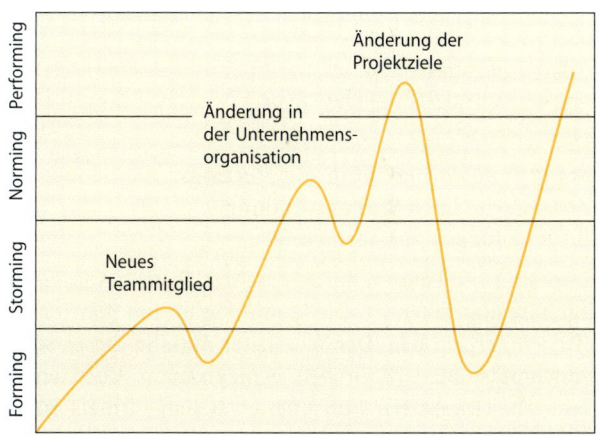

Bild 40: *Teamentwicklung ist nicht linear*

6.2.2 Frühwarnindikatoren bei Teamproblemen

Störungen, die zu einem Rückschritt in der Teamentwicklung führen, äußern sich in beobachtbaren Symptomen:

Konflikte

▶ Ideen werden angegriffen, noch bevor sie ganz ausgesprochen sind.
▶ Es bilden sich Parteien innerhalb des Teams.
▶ Die Stimmung ist gespannt und aggressiv.
▶ Argumente werden emotional und mit Heftigkeit vorgetragen.

Dies sind Indikatoren dafür, dass das Team wieder in die Stormingphase zurückgefallen ist. Der Teamleiter muss sich in dieser Situation erneut dem Thema „Kommunikation" zuwenden. Das Besprechen und Klären des Konfliktes ist der einzige Ausweg. Zusätzlich soll diese Situation auch als Lernfeld für spätere Situationen angesehen werden („Lessons learned").

Interesselosigkeit

▶ Das Team ist nicht bei der Sache.
▶ Diskussionen sind schleppend.
▶ Mangelnde Vorbereitung von Meetings.
▶ Zu einfache Entscheidungsfindung.
▶ Bereitwilligkeit zur Vertagung.

Dies sind Indikatoren dafür, dass das Team tief in die Formingphase abgefallen ist. Die Identifikation mit den Teamzielen ist am Zerbröckeln. Der Teamleiter muss in dieser Situation nochmals intensiv an den gemeinsamen Visionen und Zielen arbeiten. Starke Projektleiter stellen oftmals zu spät fest, dass sie ihre Teammitglieder irgendwo „auf der Strecke verloren haben".

Bild 41: *Interesselosigkeit ist ein Zeichen dafür, dass der Projektleiter seine Projektmitarbeiter auf der Strecke verloren hat – wie die zu starke Lokomotive ihre Wagen*

Unentschlossenheit

▶ Die Gruppe weicht der Lösung von Problemen aus.
▶ Die Teammitglieder weigern sich, Verantwortung zu übernehmen.
▶ Teamdiskussionen sind oft abstrakt und auf einer theoretischen Ebene.
▶ Man spürt eine Angst vor den Folgen von Entscheidungen.

Dies sind Indikatoren dafür, dass das Team in die Normingphase abgefallen ist. Der Teamleiter muss noch einmal die Themen Kompetenzen und Verantwortung von Leiter und Team thematisieren. Unentschlossenheit und Interesselosigkeit liegen zudem sehr nahe, und deshalb können oben genannte Symptome durchaus auch auf fehlende Identifikation mit den Zielen zurückgeführt werden – ein Rückfall in die Formingphase.

6.3 Methoden der Projektarbeit

 Ein Projekt ist die Aufeinanderfolge von Problemen, die gelöst werden müssen. Viele dieser Probleme werden trotz aller Planung in ihrer Einzigartigkeit nicht vorausgesehen.

6.3.1 Der Problemlösungszyklus

Der Problemlösungszyklus ist eine systematische Vorgehensweise, um Probleme anzugehen und schließlich zu lösen. Der hier dargestellte Problemlösungszyklus fasst Problemlösungsmethoden zu einem Ganzen zusammen und gliedert sie in sechs Schritte.

Diese sechsteilige Gliederung soll bezwecken, dass sprunghafte Gedanken geordnet werden, jedoch darf eine zu strenge Einhaltung nicht zu Ideenunterdrückung führen. Das bedeutet, in den einzelnen Phasen des Zyklus können und sollen durchaus Kreativmethoden eingesetzt werden, und es muss auch möglich sein, aus späteren Phasen nochmals zurück in frühere zu springen.

1. Schritt WAS IST LOS?	**Situationsanalyse** Nicht nur Symptome, sondern auch mögliche Ursachen finden
2. Schritt WAS SOLL ERREICHT WERDEN?	**Zielformulierung** Ein Ziel ist ein vorweggenommener Soll-Zustand, der in der Zukunft liegt, der real sein soll und der nur durch Handlung erreicht werden kann

3. Schritt WELCHE LÖSUNGEN (ALTERNATIVEN) SIND MÖGLICH?	**Lösungssuche** Das ist der eigentlich kreative Prozess!
4. Schritt WELCHE LÖSUNGEN SIND SINNVOLL?	**Lösungsbewertung und Lösungs-wahl** Bewertungsmethoden (Risiken und Chancen bewerten)
5. Schritt WIE SOLL DIE GEWÄHLTE LÖSUNG REALISIERT WERDEN?	**Planung und Realisierung** Wer, was, bis wann, mit welchen Mitteln?
6. Schritt WURDEN DIE ZIELSET-ZUNGEN ERREICHT?	**Soll-Ist-Vergleich** Einleitung von neuen Maßnahmen (falls notwendig, Neustart bei Schritt 1)

Tab. 1: *Vorgangsliste – die Basis des Netzplans*

6.3.2 Kreativmethoden – Methoden zur Ideenfindung

Es gibt eine unüberschaubare Zahl von Kreativitätstechniken und -methoden. Die Auswahl der richtigen Methode ist deshalb nicht immer ganz einfach. Einerseits muss die Methode zur Zielsetzung passen, andererseits muss die Methode dem Anwender passen.

 „A fool with a tool is still a fool."

Die folgende Übersicht soll helfen, Ordnung in die Methodenvielfalt zu bringen. Sie erhebt keinen Anspruch auf Vollständigkeit. Methoden zur Wahrnehmung und Identifizierung des Problems sind:

▶ Problem bildlich darstellen
▶ Fischgräten-Diagramm
▶ Neuformulierung des Problems
▶ Warum-warum-Diagramm
▶ Checklisten
▶ Rollenspiele

Bei all diesen Methoden geht es darum, festgefahrene Denkmuster aufzubrechen, um damit Probleme neu zu erkennen und dadurch auf neue Lösungsansätze zu kommen.

Bild 42: *Das Problem neu erkennen: Wie viele Quadrate sehen Sie auf dem Bild – 16, 17 oder gar 30?*

Methoden zur Generierung von Ideen und Alternativen sind:

▶ Brainstorming
▶ 6-3-5 Brainwriting
▶ Analogien und Metaphern
▶ Morphologischer Kasten

In vielen Fällen bietet sich eine zweistufige Vorgehensweise an. Zunächst wird in einem Workshop das Problem gemeinsam formuliert. Es ist wichtig, dass das Problem von verschiedenen Seiten beleuchtet und nicht zu schnell als klar und offensichtlich dargestellt wird. Dabei können Methoden zur Wahrnehmung und Identifizierung von Problemen helfen.

 Lösungen, aus dem Ärmel geschüttelt, sind oft ärmlich.

Nach der Neudefinition des Problems müssen die Teammitglieder Zeit haben, sich mit diesem bewusst und unbewusst auseinander zu setzen. Die besten Ideen entstehen bekanntlich nicht in Kreativitäts-Workshops, sondern unter der Dusche, beim Sport oder in der Freizeit. Man sollte deshalb diese Ideen sammeln und als Kondensationskerne für weiterführende Ideen oder für neue Kombinationen verwenden.

6.3.3 Das Fischgräten-Diagramm

Das Fischgräten-Diagramm ist ein Verfahren zur systematischen Ermittlung von Problemursachen. Es wird nach seinem Erfinder Kaoru Ishikawa auch „Ishikawa-Diagramm" genannt. Diese Methode hilft, Ideen zu sammeln und zu strukturieren, um ein möglichst vollständiges Bild aller Einflussgrößen und deren Abhängigkeiten zu erhalten. Der Einsatz von Fischgräten-Diagrammen eignet sich besonders bei Problemstellungen, auf die eine fast unüberschaubare Zahl von Einflussgrößen einwirkt.

▶ Der Schwerpunkt dieser Technik liegt auf der systematischen und vollständigen Erfassung der Problemursachen und nicht auf der Historie des Problems oder der Symptome.

▶ Problemlösungen werden nicht direkt aufgezeigt. Diese müssen mit weiteren Techniken angegangen werden.

▶ Das Fischgräten-Diagramm stellt bei der Gruppenarbeit eine ideale Diskussionsgrundlage dar, da eine vorstrukturierte „Problem-Ursachen-Landschaft" eine fokussierte Diskussion erlaubt.

Bild 43: *Die besten Ideen entstehen unter der Dusche oder beim Freizeitsport*

Folgende **Schritte** beschreiben das Vorgehen:

▶ **Problem** beschreiben.

▶ **Fischgräten-Diagramm** **zeichnen** und Haupteinflussgrößen eintragen. Zunächst wird ein grafisches Grundgerüst mit den wichtigsten Ursachenkategorien z. B. auf Metaplanpapier gezeichnet. Das Grundgerüst besteht aus einem horizontalen Pfeil, der auf das zu untersuchende Problem gerichtet ist. Darauf stoßen die Pfeile der Haupteinflussgrößen in Form eines Fischgrätenmusters.

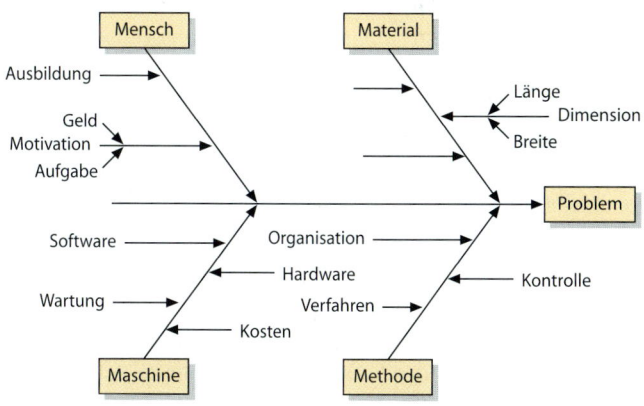

Bild 44: *Beispiel eines Fischgräten-Diagramms*

Einen ersten Anhaltspunkt für die Haupteinflussgrößen können die vier M geben: Mensch, Maschine, Material und Methode. Diese können, falls sinnvoll, mit Messmittel, Management und Milieu erweitert werden, oder man definiert problemspezifische Größen.

▶ **Neben- und Unterursachen erarbeiten.** Unter Verwendung von Kreativitätstechniken wie beispielsweise Brainstorming identifiziert das Team für jede Haupteinflussgröße mögliche Ursachen. Wie Zweige am Ast eines Baumes wachsen die Nebenursachen als kleinere Pfeile an den Hauptursachen. Ähnlich wird mit den Unterursachen verfahren, sodass sich eine immer feinere Verästelung ergibt. Eine Ursache kann man mehreren Haupteinflussgrößen zuordnen. Wird das Diagramm zu unübersichtlich, kann man für eine oder mehrere Hauptursachen separate Diagramme erstellen.

▶ **Vollständigkeit überprüfen.** In einem weiteren Schritt überprüft die Gruppe, ob alle denkbaren Ursachen im Diagramm aufgenommen und ob deren gegenseitige Abhängigkeiten richtig dargestellt wurden.

▶ **Hauptursache(n) identifizieren.** Ist das Diagramm ausgefüllt, so ist die vermeintliche Hauptursache für das Problem zu suchen und in der Gruppe zu diskutieren. Möglich ist auch der umgekehrte Weg: alle Ursachen eliminieren, die im untersuchten Fall *keine* Rolle spielen. Als Hilfestellung für die Identifikation des Hauptproblems können Methoden wie Strichlisten dienen.

Das Fischgräten-Diagramm birgt jedoch auch Probleme: Das Vorgehen „verführt" allzu leicht zu einer *zu* detaillierten Ursachenforschung. Deshalb sollte bei der Bestimmung des Detaillieferungsgrades „gesunder Menschenverstand" angewandt werden.

6.3.4 Das Brainstorming

Das Brainstorming ist der Klassiker unter den Kreativitätsmethoden. Es wurde vor ca. 60 Jahren entwickelt und erfreut sich auch heute noch breiter Verwendung.

Folgende **Schritte und Regeln** sind essentiell für den Erfolg dieser Methode:

1. Thema durch präzise Fragestellung abgrenzen.
2. Entspannte Atmosphäre.
3. Keine Kommentare.
   Keine Wertung.
   Keine Killerphrasen.
   Keine Killergesten.
   Keine Entschuldigungen.
4. Ideen für alle sichtbar festhalten (zum Beispiel auf Flipchart oder mit Metaplankarten).
5. Frei assoziieren.
   Jede Idee ist zum Aufbau und Kombinieren frei.
6. Nicht nach Ordnung suchen. Unordnung ist willkommen!
7. Es gibt keine *dumme* Idee!
8. Zeitfaktor.
   Nach einer Viertelstunde lässt der Ideenfluss nach.
9. Bewerten und Ordnen erst nach Abschluss.

Wesentliche **Charakteristika** des Brainstormings sind:

► Zur Lösung eines Problems wird das Wissen mehrerer Personen genutzt.
► Denkpsychologische Blockaden werden ausgeschaltet.
► Assoziationen erweitern die Lösungsvielfalt.
► Unnötige Diskussionen entstehen kaum.

6.3.5 Die Grundregeln des Brainstormings

1. Grundregel
Die Phase der Ideenfindung ist strikt von der Phase der Ideenbewertung zu trennen.

2. Grundregel
Die Ideen anderer Teilnehmer aufgreifen und weiterentwickeln.

3. Grundregel
Der Phantasie freien Lauf lassen.

4. Grundregel
Möglichst viele Ideen in kurzer Zeit produzieren

6.3.6 Die Phasen des Brainstormings

▶ Vorbereitung
▶ Entscheid zur Durchführung eines Brainstormings
▶ Gewinnen eines Moderators
▶ Aufbereitung und Vorstrukturierung des Problems
▶ Festlegen von Zeit und Ort
▶ Einladen der Teilnehmer: Etwa fünf bis sieben in einer fachlich heterogenen und hierarchisch homogenen Gruppe
▶ Information der Gruppe durch Briefing
▶ Bereitstellen der Präsentations- und Arbeitsmittel

Brainstorming-Vorphase

▶ Verteilen bzw. Bekanntgeben der Rollen
▶ Analyse und Definition des Problems
▶ Vorbereiten der Protokollführung
▶ Erinnern an die Brainstorming-Regeln

Brainstorming-Hauptphase

Sammeln von Ideen: Der Moderator soll dabei auf die Beibehaltung der Regeln achten, zur Kreativität motivieren, Impulse geben und schließlich das Ende des Brainstormings bestimmen.

Bild 45: *Die vier Ideenphasen des Brainstormings*

Brainstorming-Nachphase

▶ Durchgehen aller Ideen
▶ Absprachen zur Ausarbeitung und Bewertung der Ideen

6.3.7 Review-Technik – Die Methode zur Überprüfung der Projektarbeit

Der Begriff Review kommt aus der Softwareentwicklung und meinte ursprünglich ein Verfahren zur Überprüfung von Entwurfsdokumenten. Heute wird diese Methode jedoch auch in vielen anderen Projekten eingesetzt. Vornehmlich dort, wo Zwischenergebnisse überprüft werden müssen, die hauptsächlich oder ausschließlich in Dokumentenform vorhanden sind.

Solche Zwischen- und Endergebnisse von Projekten werden mit so genannten formellen Reviews überprüft. Ausschlaggebend für das Attribut „formell" ist dabei, dass der Review eine offizielle Bestätigung des Inhaltes eines Prüfobjektes darstellt, die sowohl für die zuständigen Autoren als auch für den Projektleiter und die Linienstellen gilt. Vor allem aber können im Projekt nachgelagerte Stellen ihre Meinung äußern.

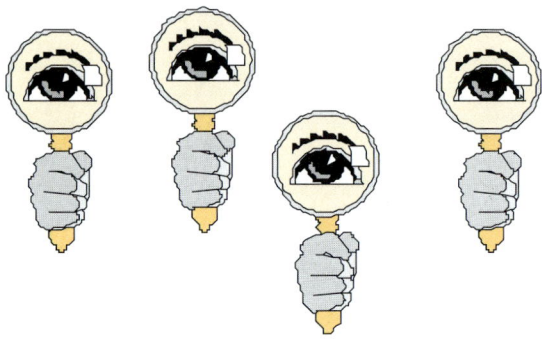

Bild 46: *Review-Technik*

 Das Grundprinzip eines Reviews ist:
„Vier Augen sehen mehr als zwei."

Die Auswahl der zu „reviewenden" Ergebnisse hat nach verschiedenen Gesichtspunkten und projektspezifisch zu erfolgen. Als Auswahlkriterien können folgende Punkte herangezogen werden:

▶ Pflichtenheft
▶ Alle Bestandteile auf Systemebene (z. B. Systemstrukturplan)

▶ Alle Schnittstellen

▶ Alle mit Risiko behaftete Teile – technisches Neuland, alle zentralen Teile, kritische Funktionen, kritische Attribute

▶ Arbeitsergebnisse neuer Mitarbeiter

Die folgende Checkliste dient der Planung und Durchführung einer Review-Sitzung und stellt gleichzeitig auch die Minimalanforderungen an ein Review dar:

▶ Nominierung eines Moderators

▶ Festlegung der Teilnehmer

▶ Einladung (Teilnehmer, Ort, Zeit) inkl. beigelegtem Prüfobjekt und ggf. mitgeltender Dokumente

▶ Genügend Zeit für Gutachter einplanen

▶ Protokollierung der Review-Ergebnisse (Liste der Befunde, Entscheid über weitere Vorgehensweise, Unterschriften der Gutachter)

Die Vorbereitung einer Review-Sitzung beinhaltet folgende Schritte:

Der **Auftraggeber** stellt den Gutachtern die für die Vorbereitung benötigten Mittel zur Verfügung, d. h. er stellt sie für die eingeplante Vorbereitungszeit frei von anderen Aufgaben.

Der **Moderator** bereitet die Sitzung vor. Ein vorbildlicher Moderator vergewissert sich, ob alle Gutachter im Besitz aller benötigten Unterlagen sind (auch E-Mails kommen nicht immer an), und erkundigt sich, ob sie genügend Zeit für die Vorbereitung haben. Er ermuntert sie zur Vorbereitung.

Die **Gutachter** bereiten sich auf die Review-Sitzung vor, indem sie das Arbeitsergebnis nach den ihnen zugeteilten Aspekten „durchleuchten". Die Konzentration auf die eigenen Spezialitäten ist wichtig, sie ist der Garant für die Effizienz des Reviews (das heißt aber nicht, dass man andere Probleme „übersehen" muss). Geringfügige Fehler werden markiert, und die Formulierung der wichtigen Befunde, die man in der Sitzung vorbringen möchte, wird vorbereitet.

Mit Markierungen will man die Review-Sitzung und den Review-Bericht von Kleinigkeiten entlasten. In Dokumenten werden etwa folgende Fehlerarten markiert:

- Abweichungen von Richtlinien bezüglich Identifikation, Layout und Inhalt
- Tippfehler
- Inkonsistente Verwendung von Begriffen und Abkürzungen
- Nicht definierte Abkürzungen
- Falsche Referenzen auf anderen Dokumenten oder den Kapiteln innerhalb der Lieferung

In Programmen hingegen können folgende Fehlerarten markiert werden:

- Abweichungen von Richtlinien bezüglich Identifikation, Layout, Kommentaren oder Verwendung von Sprachelementen
- Abweichungen von Konventionen für die Benennungen von Programmelementen

Der **Schriftführer** bereitet die Folien vor, damit die Befunde für alle sichtbar notiert werden können.

Der **Autor** übt sich vor allem in Enthaltsamkeit: Er sollte sein Arbeitsergebnis nicht mehr anpassen. Für die Beantwortung von Fragen sollte er den **Gutachtern** jederzeit zur Verfügung stehen.

6.3.8 Die Review-Sitzung

Der **Moderator** leitet die Review-Sitzung. Am Anfang erkundigt er sich, wie viel Zeit die Gutachter für die Vorbereitung aufgewendet haben und wie ihr genereller Eindruck ist. Daraus kann er sehr schnell den Rückschluss ziehen, ob die Weiterführung der Sitzung überhaupt sinnvoll ist. Ist dies der Fall, bespricht er die einzelnen Befunde. Für jeden Befund strebt man einen Konsens an hinsichtlich Gültigkeit und Gewichtung. Die Aufgabe des Moderators ist es, sich darauf zu konzentrieren, dass alle Gutachter ihre Befunde mitteilen können.

Im Falle eines Dokumentes ist das sinnvollste Vorgehen, die Lieferung seitenweise zu behandeln. Zu jeder Seite (oder zu jedem Kapitel) gibt jeder Gutachter seine Befunde (bezüglich der ihm zugeteilten Aspekte) bekannt. Auf diese Weise entsteht eine für die Nachbearbeitung günstig geordnete (sequentielle) Liste der Befunde.

Während der Sitzung achtet der Moderator darauf, dass das Review-Team die Regeln einhält:

▶ Erscheine gut vorbereitet.
▶ Sei gewillt, Verbundenheit mit dem Autor zu zeigen.
▶ Achte auf Deine Sprache.
▶ Übersehe (vor lauter Kritikbereitschaft) nicht das Positive.
▶ Decke Probleme auf, aber widerstehe der Versuchung, sie lösen zu wollen.
▶ Vermeide Diskussionen über Stil.
▶ Halte Dich an Normen – oder die Normen sind unhaltbar.
▶ Beschränke Dich auf materielle Probleme.
▶ Vergiss den Nutzen für die Ausbildung nicht.
▶ Hüte Dich, den Autor zu bewerten.

Die Aufgabe der **Gutachter** besteht darin, mit möglichst genauen Formulierungen ihre Befunde zu beschreiben, damit sie der **Schriftführer** protokollieren kann. Er tut dies für alle sichtbar (auf Folie, Flipchart, Pinnwand etc.). Hiermit spart man eine Menge Zeit und verhindert Missverständnisse: Jeder Gutachter weiß, zu was er ja (oder nein) sagt. Zudem ist die Kontrolle erleichtert, ob alles notiert wurde.

Der **Autor** sollte sich passiv verhalten und muss sich immer wieder sagen: „Die Gutachter wollen mein Arbeitsergebnis verbessern, nicht mich." Seine einzige Aufgabe besteht darin, grobe Missverständnisse zu korrigieren und auftretende Unklarheiten auszuräumen. Am Ende der Sitzung sollte er die verteilten und markierten Kopien der Lieferung einsammeln, um die Markierungen in sein Korrekturexemplar zu übernehmen.

Der **Moderator** ist verpflichtet, das Review-Team zu einem Konsens zu bewegen. Die Empfehlung an das Management, die Bewertung, kann entweder „akzeptiert", „akzeptiert mit Überarbeitung" oder „nicht akzeptiert" lauten. Bei der empfohlenen Überarbeitung kann das Review-Team eine erneute Review-Sitzung verlangen oder die Nachkontrolle an den Moderator delegieren.

6.3.9 Die „dritte Stunde"

Der Moderator muss dafür sorgen, dass die Sitzung nicht länger als zwei Stunden dauert: Die Konzentration und die Atmosphäre können nicht länger aufrechterhalten werden. Eine fünfminütige Pause nach ungefähr einer Stunde ist sehr empfehlenswert.

Für die Effizienz (Anzahl festgehaltener Fehler) der Review-Sitzung ist die Beachtung der Regel „Widerstehe der Versuchung, die Probleme lösen zu wollen" entscheidend. Dies fällt den Gutachtern nicht leicht: Entwickler sind gewohnt, in Lösungen zu denken. Der Autor ist ebenfalls unzufrieden, weil die Probleme zwar aufgezeigt werden, Lösungsvorschläge im Sinne einer konstruktiven Kritik jedoch ausbleiben. Er sollte sich nicht scheuen, die Gutachter um ihre Lösungsvorschläge anzugehen: Sie sind auch froh, wenn sie all die guten Ideen, die sie in der Sitzung zurückhalten mussten, nun loswerden können.

Hierzu wird die dritte Stunde genutzt. Alle am Review beteiligten Personen sollten diesen informellen Austausch von Ideen suchen, der Moderator sollte ihn fördern.

6.3.10 Review-Nachweis

Der formale Nachweis, dass ein Review stattgefunden und was das Review-Team herausgefunden hat, wird mit einem Review-Bericht erbracht. Er hat zwei Bestandteile:

- **Zusammenfassung** (Review Summary Report): Enthält die Liste der verwendeten Unterlagen, den Konsens des Review-Teams bezüglich Bewertung der Lieferung, die Teilnehmer und ihr Visum.
- **Liste:** Beinhaltet alle die Lieferung betreffenden Befunde, positive und negative.

Im Folgenden ist ein Beispiel eines Review-Formulars dargestellt.

Review – Zusammenfassung	Review Nr. .... Datum .... Zeit (von – bis) .... Vorbereitungszeit .... (Gutachter)	
Produkt / Lieferung		
Projekt / Art. Nr.	Benennung	Ersteller (Tel./Vis.)
Bewertung		
▶ akzeptiert (kein neues Review erforderlich) ▶ nicht akzeptiert (neues Review erforderlich)	▶ akzeptiert, so wie es ist ▶ kleine Änderungen erforderlich ▶ große Änderungen erforderlich ▶ komplette Überarbeitung ▶ Review nicht beendet	
Zusammenfassung		

Review-Team		
Name	Datum	Unterschrift

Liste der Befunde	Beilage zu Review Nr. .... Datum: .... Zeit von .... bis ....

Nummer	Referenz	Beschreibung	Gewicht[1]

Bild 47: *Beispiel eines Review-Formulars*

---

1. Gewicht: **Kritischer Fehler / Hauptfehler /** Nebenfehler / Gut

7 Internationale Projekte

7.1 Globalisierungstrend

Globalisierung des Wettbewerbs, anspruchsvollere Kunden, wachsende Produktkomplexität und -varietät bei hohem Kostendruck sowie steigende technische Risiken bestimmen das Umfeld europäischer Unternehmen. In immer kürzeren Zyklen müssen kundenorientierte Produkte auf den Markt gebracht werden. „Customizing" der Innovationsprozesse, Konzentration auf Kernkompetenzen und gleichzeitig Internationalisierung aller Unternehmensaktivitäten werden forciert. Von 1989 bis 1992 sind in Schweizer Unternehmen die inländischen F&E-Aufwendungen um 4 % gestiegen, die ausländischen F&E-Aufwendungen hingegen um fast 35 %. In den USA nahmen 1993 die Schweizer Unternehmen bei den ausländischen F&E-Investitionen mit 2,5 Mrd. US$ die Spitzenposition vor Deutschland, Großbritannien, Kanada und Japan ein.

Bezogen auf die Schweiz finden heute bereits mehr als 50 % der Entwicklung im Ausland statt. Multinationale Firmen wie IBM, Norvatis und Hoffmann-La Roche geben fast 60 % ihrer F&E-Ausgaben im Ausland aus.

Die Anforderungen an das Projektmanagement steigen immens bei standortübergreifenden Vorhaben. Immer häufiger werden Produktentwicklungen international durchgeführt, um die lokalen Marktanforderungen besser berücksichtigen oder weltweit auf die besten Ingenieure zugreifen zu können.

In allen Industrien geht der Trend hin zum **„Global Sourcing"**. Dadurch werden sowohl im Einkauf als auch in der Entwicklung immer mehr Projekte auf internationaler Ebene durchgeführt.

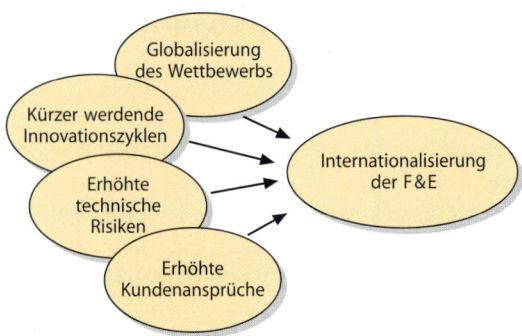

Bild 48: *Internationalisierung der F&E*

Bei Schindler ist die Konzernentwicklung auf allen Kontinenten vertreten: Marktnähe und Zugang zu Top-Know-how sind die Haupttreiber für die konsequente Globalisierung. Selbst im zentralen Technologiemanagement in Ebikon herrscht hohe kulturelle Vielfalt: Über 50 % sind Ausländer; Amerikaner, Chinesen, Ägypter, Belgier, Franzosen, Deutsche und Schweizer arbeiten eng in interdisziplinären Teams zusammen.
In der schweizerischen ABB-Forschung arbeiten sogar über 60 % Ausländer. Zudem finden 90 % der F&E im Ausland statt. Dies ist typisch für Großunternehmen mit Stammsitz in einem kleinen Land.

7.2   Integration von Zulieferern

Unternehmensexterne Lieferanten werden immer früher in die Produktentwicklung einbezogen. Es reicht heute nicht mehr, die Blaupausen zu übergeben. Vielmehr werden die Aufgaben in internationalen Teams unter Einbezug von Einkauf, Entwicklung und Produktion gemeinsam angegangen. Die Einkaufsabteilung optimiert Kosten durch hartes Verhandeln, die F&E jedoch legt bereits 70–90 % der Kosten fest.

Durch geschicktes „Backdoor Selling" umgehen Vertriebsingenieure den Einkauf: Es reicht meist, wenn die Entwickler von einer neuen Technologie begeistert sind und erste Funktionsmuster in Auftrag geben. Falls der Einkauf nicht involviert ist, sind die bereits aufgebrachten Investitionen in Werkzeuge so hoch, dass kein Verhandlungsspielraum mehr bleibt.

Um dieses Backdoor Selling zu vermeiden, gehen erfolgreiche Unternehmen mit ihren Zulieferern langfristige Partnerschaften ein, die eine offene, technische Zusammenarbeit ermöglichen.

Bei Hewlett Packard liegen für Partnerschaften bereits zu Beginn die Grundsätze fest:

- Erfolge für beide Seiten
- Kleine, jedoch gute Lieferantenbasis
- Lieferanten sind Teil des HP-Fertigungsprozesses
- Weltweit lieferfähige Lieferanten
- Gleiche weltweite Ziele und Vereinbarungen
- Aggressive, jedoch realistische Lieferantenziele
- Fortlaufende, messbare Prozessverbesserungen
- Effektive beiderseitige Kommunikation
- Ethische Geschäftsgrundsätze
- Faires Handeln

Die Zusammenarbeit zwischen den Spezialisten der Abnehmer- und Lieferantenseite funktioniert in der Regel sehr gut, Spannungen gibt es jedoch häufig intern. Die Inhalte der Beziehung müssen zunächst beidseitig intern geklärt sein, bevor man in die Verhandlungen einsteigt. Eine Umfrage unter Vertriebsmitarbeitern im Investitionsgüterbereich zeigt, dass die Dauer der Vertragsverhandlungen seit 1990 deutlich zunimmt. Dies deutet auf einen umfangreicheren internen Abstimmungsaufwand hin. Man spricht heute vom so genannten Buying Center und Selling Center auf Abnehmer- und Lieferantenseite. Nicht mehr Einzelpersonen stehen einander gegenüber, sondern Teams mit wechselnder Zusammensetzung. Teams sind wesentlich kritischer und wollen überzeugt werden.

 „Individuen kann man überreden, Teams muss man überzeugen!"

Das Verfahren durchläuft dabei fast immer, aber leider meist unerwünscht, vier typische Phasen:

Phase 1:
Die Techniker/Sachbearbeiter beider Seiten vertreten gemeinsam eine machbare Lösung. Sie sprechen dabei über alles, nur nicht über definitive Mengen und Kosten. Die Einkäufer holen sich in dieser Phase die Informationen aktiv.

Phase 2:
Verkäufer und Einkäufer einigen sich über Mengen, Termine und Kosten. Die Techniker geben auf beiden Seiten Unterstützung.

Phase 3:
Juristen arbeiten eventuell noch einen formellen Vertrag aus.

Phase 4:

Die Techniker/Sachbearbeiter realisieren das Projekt. Sie können dabei die in den Vorverhandlungen erarbeiteten Grundlagen und vor allem die vorhandene Vertrauensbasis voll ausnützen. Die Preise wurden ja auf einer anderen Ebene fixiert.

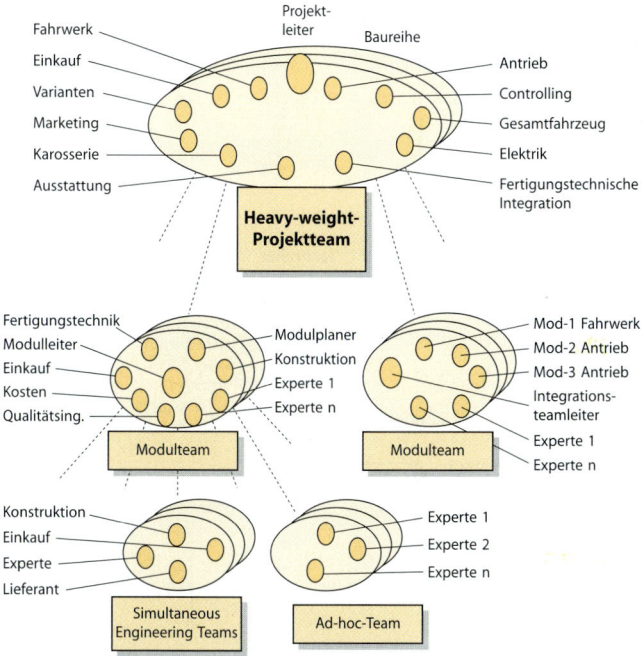

Bild 49: *Internationale Projektorganisation bei BMW*

Dieser Ablauf trägt vor allem zwei Tatsachen Rechnung. Erstens müssen die Sachbearbeiter beider Seiten – soll ein komplexes Projekt Erfolg haben – intensiv zusammenarbeiten. Eine harte Preisverhandlung kann aber in einem solchen Milieu kaum mehr Erfolg haben.

Zweitens kann der Einkäufer ohnehin nicht alle Kontakte überwachen. Behält er eine gesunde Distanz, erleichtert das auch die spätere Ausführung. Die Trennung von sachlich-konstruktiver Ebene und kaufmännischer Ebene hält aber die bekannten Schummeleien sowohl in der Beschaffung als auch in der Technik unter Kontrolle.

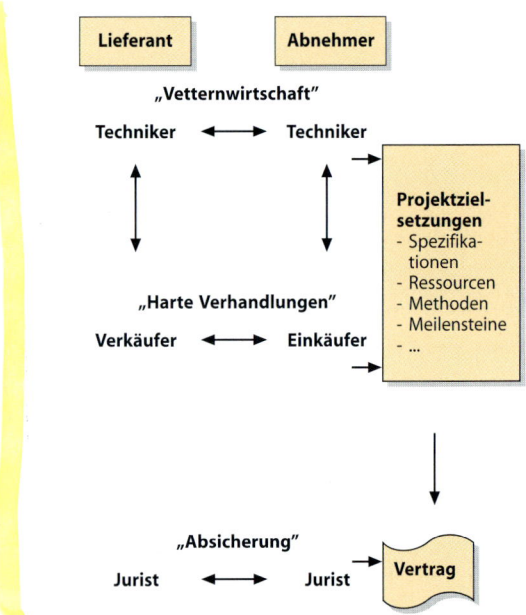

Bild 50: *Vorgehen bei der Vertragsgestaltung*

▶ Ein starkes Projektteam hält die Fäden in der Hand.

▶ In den Modulteams werden die Schnittstellen festgelegt; Einkauf, Fertigung und Entwicklung sind dabei.

▶ Simultaneous Engineering erfordert eine frühzeitige Einbindung von Zulieferern in die Konstruktion.

7.3 Verträge

Viele Unternehmen sichern ihre Beziehungen zwischen Abnehmer und Lieferanten rechtlich durch formelle Verträge ab. Bei Standardlieferungen kommen Standardverträge zum Einsatz, die Verbände und Organisationen in allgemeiner Form zur Verfügung stellen. Es gibt aber auch komplette Branchen mit ganz wenigen formellen Verträgen.

 Philipp Morris kauft für Millionen von Dollars Zigaretten ein, alles ohne schriftliche Abmachungen. Auch im Nahrungsmittelbereich trifft man diese Situation recht häufig an.

In der Tat bringen Verträge oft nur eine trügerische Sicherheit. Bei Systempartnerbeziehungen beispielsweise greifen formelle Verträge kaum, da die Leistungen beider Seiten bei Vertragsbeginn noch nicht genau spezifiziert und definiert werden können. Der Erfolg der Zusammenarbeit lässt sich nur ungenau prognostizieren. Partnerschaften sind langfristig angelegt, was sich in längeren Vertragslaufzeiten niederschlägt. Solche Rahmenverträge garantieren nur die Abnahme einer Gesamtmenge und legen den genauen Abrufzeitpunkt nicht fest. Systempartner schließen in der Regel Verträge über den ganzen Produktlebenszyklus ab. Untersuchungen in der Automobilindustrie zeigen, dass die Vertragszeiten insgesamt zunehmen.

Verträge zwischen einem „mächtigen" Abnehmer und einem KMU (kleine und mittlere Unternehmen) enthalten oft sehr einseitige Verpflichtungen. Der Abnehmer schickt dem KMU den Vertrag und erwartet, dass dieses ihn unterzeichnet zurücksendet. Die KMUs haben oft keine Wahl und hoffen, dass die Risikoabwälzung des Abnehmers auf sie nicht zum Tragen kommt.

Auf der anderen Seite verlangen die Abnehmer, dass die Lieferanten ihr Know-how in vollem Umfang in die Beziehung einbringen. KMUs sind hierzu oft nicht bereit, da Know-how ihre existentielle Grundlage darstellt. Sie schützen sich, indem sie ihr Know-how erst zu einem späten Zeitpunkt offen legen. Dieses Verhalten verhindert aber vielfach eine optimale Vertragsgestaltung.

 Vertrauen zwischen Partnern ist ein zentrales Element einer erfolgreichen Zusammenarbeit.

Verträge können dieses Vertrauen nicht aufbauen. Deshalb ist in einer Beziehung zwischen der Vertrags- und der Vertrauensebene zu unterscheiden. Auf die Vertragsebene zieht man sich nur zurück, falls extreme Konflikte vorliegen, die sich auf der Vertrauensebene nicht mehr bewältigen lassen.

Der Weg zum Vertrag, die Verhandlungen, erweisen sich meist als entscheidender als der Vertrag selbst. Harley Davidson beispielsweise hat seine bisherigen einseitigen Verträge ganz abgeschafft.

Die Praxis zeigt, dass Abnehmer und Lieferant vier Elemente unbedingt in den Verhandlungen intensiv diskutieren sollten:

Projektziel:	Was soll gemeinsam erreicht werden?
Schlüsselperson:	Wer ist Projektleiter?
Meilensteine:	Wann sollen welche Resultate vorliegen?
Exit-Strategie:	Wem gehört das Know-how, falls das Projekt scheitert? Kann eine Partei das Projekt alleine fortsetzen, wenn die andere Partei aussteigt?

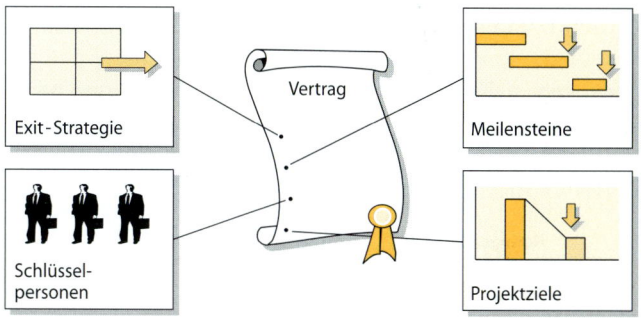

Bild 51: *Schwerpunkte bei der Vertragsbeziehung*

Klare Projektziele erleichtern beiden Parteien eine realistische Planung und einfache Vertragsformulierungen. Da der Projekterfolg sehr stark von Personen abhängt, sollten die Schlüsselpersonen im Vertrag explizit erscheinen. Scheiden diese aus, so kann jede Partei aus dem Vertrag zurücktreten. Die Definition von fixen Meilensteinen, an denen die Fortführung oder Einstellung des Projektes entschieden wird, verhindert eine Ressourcenverschwendung. Intensiv sollten sich die Parteien Gedanken über eine Exit-Strategie machen. Beide Partner sind sich so über das Vorgehen bei einem Projektabbruch im Klaren. Die Einkäufe von F&E-Leistungen, von Unternehmensberatung, aber auch von Investitionsgütern verlaufen in dieser Hinsicht alle ganz ähnlich.

7.4   Einsatz von Informationstechnologien

Je größer die räumliche Distanz zwischen den Projektteilnehmern, desto geringer ist die Kommunikationsintensität. Dies gilt nicht nur für internationale Projekte, sondern ist bereits bei Abständen von 20 Metern zwischen den Arbeitsplätzen relevant. Moderne Informationstechnologien unterstützen die Kommunikation über Standorte hinweg und begünstigen daher das internationale Projektmanagement: Videokonferenzen, Telemonitoring, Remote Access und Intranet reduzieren die Reisetätigkeiten. Jedoch sind auch hier Probleme vorprogrammiert.

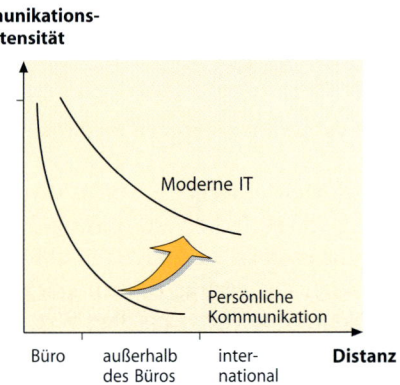

Bild 52: *„Allen"-Kurve der Kommunikation*

Videokonferenzen spielen in der transatlantischen strategischen Allianz MTU – Pratt & Whitney zur Entwicklung ziviler Triebwerkssysteme eine wichtige Rolle. Die Standleitung zwischen den Partnern wurde bei der Entwicklung der Turbine PW 4084 für die Boeing 777 intensiv benutzt. Der Videokonferenzraum der MTU ist heute bis zu 90 % ausgelastet.

7.5 Räumliche Organisation von Projekten

Mit der Durchführung standortübergreifender Vorhaben steigen in der Regel die Reisekosten; das Management reagiert darauf oft mit Reisebeschränkungen. In internationalen Projekten stellt sich die Frage, wann die Projektteams dezentral arbeiten können und wann eine Zusammenführung an einem Ort sinnvoll ist. Prinzipiell kann eine **standortübergreifende Zusammenarbeit** über intensiven Einsatz von Informationstechnologien bei Projekten mit folgenden Merkmalen stark unterstützt werden:

▶ Routinecharakter, kleine Weiterentwicklungen
▶ Ressourcen redundant, Spezialisten unter sich
▶ Projektaufgaben weitgehend unabhängig
▶ Wissen explizit, viel dokumentiert

Projekte müssen eher **an einem Ort** zusammengeführt werden bei:

▶ Radikaler Innovation, Durchbruchentwicklungen
▶ Spezialisten aus unterschiedlichen Disziplinen, komplementären Ressourcen
▶ Projektgegenstand hochgradig systematisch
▶ Wissen implizit, viel Erfahrungswissen

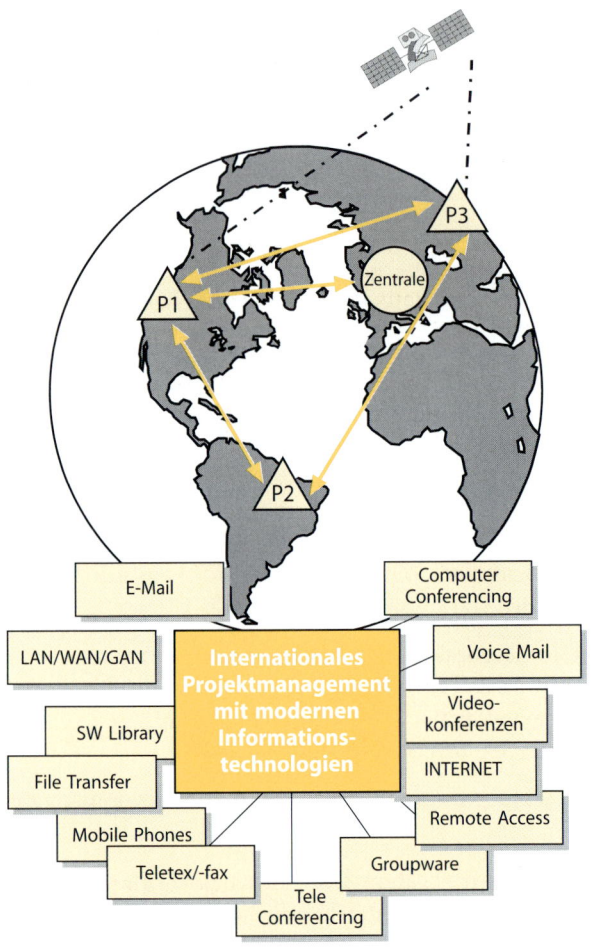

Bild 53: *Neue Informationstechnologien verbessern die internationale Projektzusammenarbeit*

ABBs Entwicklung der neuen Gasturbinengeneration GT 24/26 stellt ein solches Durchbruchprojekt dar. ABB war aufgrund einer falschen Markteinschätzung im vielversprechenden „High-End Gasturbinen-Sektor" 3–5 Jahre im Rückstand gegenüber seinen Konkurrenten General Electric und Siemens. 1991 startete ABB daher das GT 24/26-Projekt in einer geheimen Denkfabrik im schweizerischen Baden. In kürzester Zeit musste ein Produkt entwickelt werden, obwohl die technologischen Grundlagen noch fehlten.

Das Kernteam bestand aus Materialforschern, Entwicklern, Monteuren, Zulieferern und Lead Usern aus rund 20 Nationen. ABB bezeichnet dieses Projekt als erstes, echtes Simultaneous Engineering-Projekt. In der zweistöckigen Denkfabrik wurde auf alle Stellwände verzichtet. Es gab eine Kaffee-Ecke für alle. Funktionsübergreifende Kommunikation war der Schlüsselfaktor für den Erfolg. Die **Resultate** ließen sich sehen:

- Time-to-Market um 60 % geringer
- über 100 Patente
- radikale Innovation

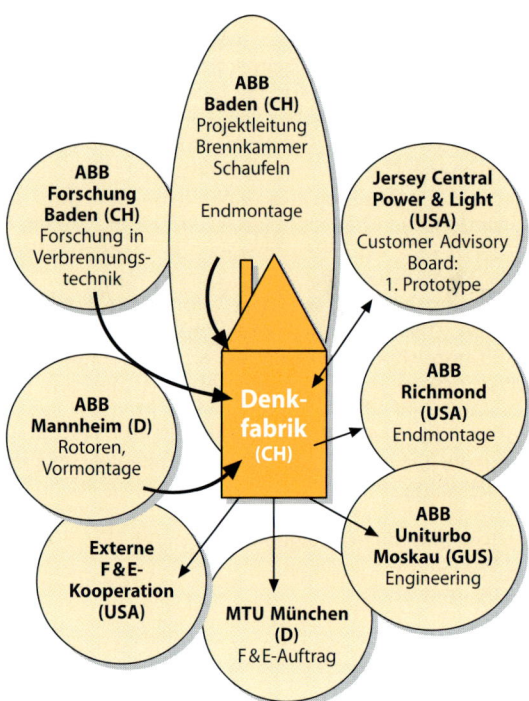

Bild 54: *ABBs Durchbruchentwicklung im Think Tank konzentriert*

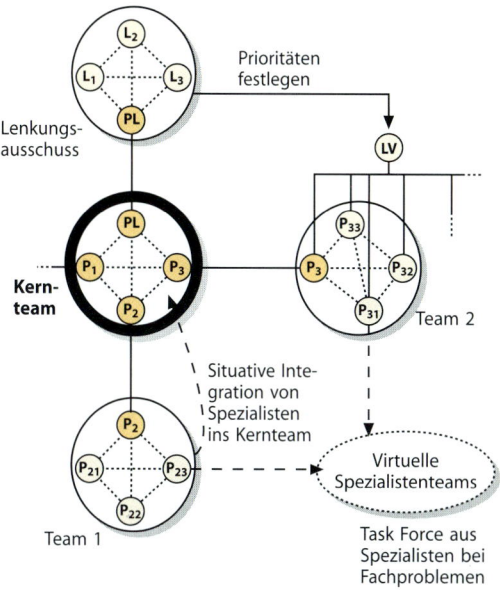

L	Lenkungsausschussmitglied
PL	Projektleiter
P_X	Person X im Kernteam = Teamleiter in Team X
P_{XY}	Person Y im Team X
LV	Linienvorgesetzter der Teammitglieder

Bild 55: *Kernteams müssen räumlich zusammengefasst sein*

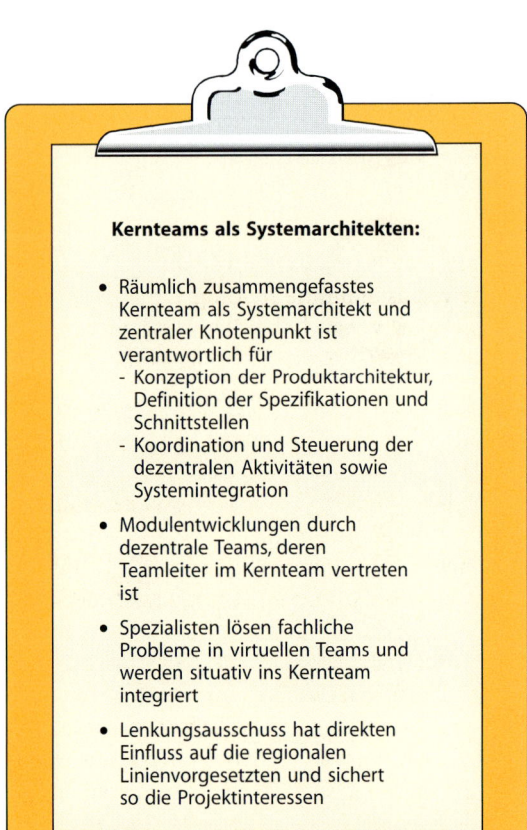

Kernteams als Systemarchitekten:

- Räumlich zusammengefasstes Kernteam als Systemarchitekt und zentraler Knotenpunkt ist verantwortlich für
  - Konzeption der Produktarchitektur, Definition der Spezifikationen und Schnittstellen
  - Koordination und Steuerung der dezentralen Aktivitäten sowie Systemintegration

- Modulentwicklungen durch dezentrale Teams, deren Teamleiter im Kernteam vertreten ist

- Spezialisten lösen fachliche Probleme in virtuellen Teams und werden situativ ins Kernteam integriert

- Lenkungsausschuss hat direkten Einfluss auf die regionalen Linienvorgesetzten und sichert so die Projektinteressen

Bild 56: *Zentrale Kernteams und virtuelle Spezialistenteams ergänzen sich*

7.6 Internationale Teams führen

Kulturunterschiede haben in internationalen Projekten einen großen Einfluss auf den Projekterfolg. Man unterscheidet Kulturen nach folgenden Dimensionen:

- Kontextarme versus kontextreiche Kultur
- Große versus geringe Machtdistanz
- Individualismus versus Kollektivismus
- Maskuline versus feminine Haltung
- Risikofreudigkeit versus hohe Ungewissheitsvermeidung
- Langfristige versus kurzfristige Orientierung

Kulturvielfalt kann jedoch auch zu Ideenvielfalt führen. Bestimmten Nationen werden kulturbedingte Stärken zugeschrieben, z. B. englischer Erfindergeist, amerikanischer Pragmatismus, italienisches Design. Führende Unternehmen nutzen diese regionalen Stärken.

Chinesen kommunizieren beispielsweise stark über Körpersprache und Situation (kontextreich), während die Deutschen sehr direkt verbal kommunizieren (kontextarm). Diese Unterschiede führen zu zahlreichen Missverständnissen, die nicht selten ein Projekt in Probleme bringen. Personen aus kontextreichen Kulturen besitzen extensive informelle Informationsnetzwerke und eine Tendenz zu engen persönlichen Beziehungen. Kontextarme Kulturen tendieren hingegen dazu, nur geringe interferierende Informationen zuzulassen. Sie setzen die Sprache präziser und prägnanter ein; damit können sie Informationstechnologien wie E-Mail oder Fax leichter einsetzen.

An den Leiter eines internationalen Projektes werden zusätzliche hohe Anforderungen gestellt:

- Mobilität und Flexibilität
- Beherrschung der erforderlichen Fremdsprachen

▶ Hohe Sozialkompetenz
▶ Verständnis für fremde Kulturen und Toleranz

 Der japanische Sharp-Konzern lässt im Kernteam von strategischen Projekten nur Japaner zu, da Europäer die symbolische Bedeutung dieser „Golden Badge Special Projects" nicht erkennen.
Bei Hitachi hingegen setzt man bewusst internationale Teams zusammen, um durch die kulturelle Vielfalt die Innovationskultur zu verbessern.

Von zentraler Bedeutung bleibt die Schaffung von wechselseitigem Vertrauen und Respekt. Gerade in Entwicklungsprojekten, in die frühzeitig unsichere Informationen und wilde Ideen eingebracht werden müssen, erhält das Vertrauen eine besondere Bedeutung. Das standortübergreifende Team muss unbedingt von konzerninternen Standortstreitigkeiten, wie regionalen Budgetstreits und Autonomie von Ländergesellschaften, abgeschirmt sein. Dazu sind persönliche Treffen erforderlich; der Manager eines internationalen F&E-Projektes wird somit trotz aller Informationstechnologien weiterhin viel auf Reisen sein. Aus der Sicht des Teammanagements helfen Informationstechnologien lediglich, die „Halbwertszeit des Vertrauens" zu verlängern.

 Bei Projekten zwischen der deutschen MTU und der amerikanischen Pratt & Whitney haben technische Probleme häufig zu Unverständnis geführt: Die Amerikaner wollen hemdsärmelige, schnelle Lösungen, in den Augen der deutschen, eher analysierenden Kollegen „Hektik, Nervosität und Aktionismus".

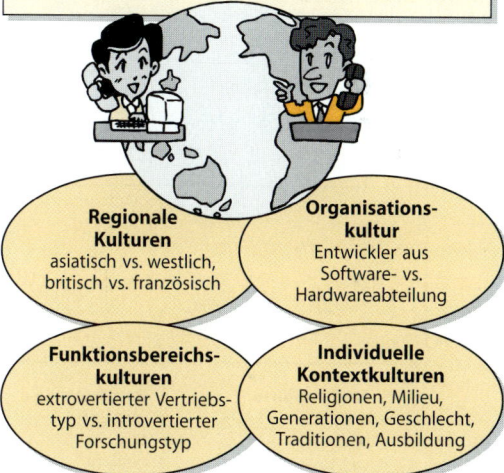

Einfluss der Kultur auf:
- Terminplanung und -steuerung; Planungshorizonte
- Verhältnis Planungs- zu Implementierungsphasen
- Akzeptanz von IT und Netzplantechniken
- Arbeits- und Entscheidungsstile
- formelle vs. informelle Kommunikation
- Interdisziplinarität der Teams

Regionale Kulturen
asiatisch vs. westlich, britisch vs. französisch

Organisationskultur
Entwickler aus Software- vs. Hardwareabteilung

Funktionsbereichskulturen
extrovertierter Vertriebstyp vs. introvertierter Forschungstyp

Individuelle Kontextkulturen
Religionen, Milieu, Generationen, Geschlecht, Traditionen, Ausbildung

Bild 57: *Kulturunterschiede sind nicht nur regional bedingt*

In multikulturellen Teams müssen die Weichen bereits zu Beginn in der frühen Wolkenphase gestellt werden. In der Regel sinkt, nach anfänglicher Euphorie über die Internationalität des Projektes, die Teamverfassung. Kommunikationsprobleme sowie unterschiedliche Arbeits- und Entscheidungsstile führen zu einem Kulturschock. Gelingt es dem Projektleiter nicht, in den frühen Phasen Vertrauen aufzubauen und das Team durch eine gemeinsame Vision zusammenzuhalten, droht das Projekt zu versanden.

Gerade in internationalen Projekten ist zu Beginn auf vertrauensbildende Maßnahmen und Teamentwicklung einzugehen. Ein geselliger Abend hat hier meist einen weit größeren Nutzen als alle formalen Briefwechsel.

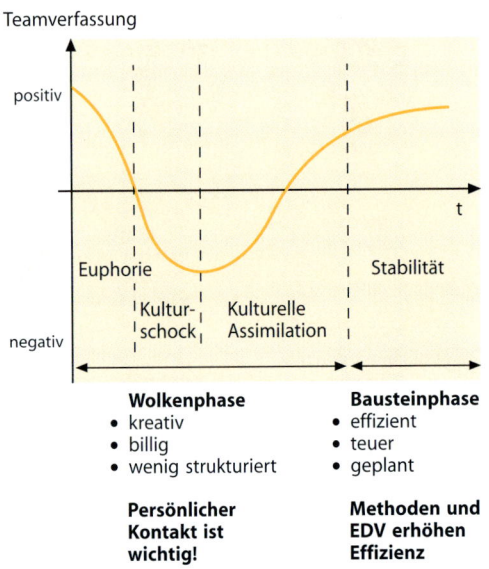

Bild 58: *Unterschiedliche Kulturen: Am Anfang Vertrauen schaffen!*

Um eine Arbeitsgruppe zu einem effizienten Team zu entwickeln, ist kulturelle Assimilation erforderlich. Die Teamverfassung kann deutlich verbessert werden, indem die

Teammitglieder kulturelle Toleranz und Akzeptanz lernen. Vor Projektbeginn durchgeführte Seminare zum interkulturellen Lernen und Schulungen zur Verwendung gemeinsamer Methoden können hier helfen.

Gelingt es dem Projektleiter, die Teamverfassung auf hohem Niveau zu stabilisieren, kann die kulturelle Vielfalt zu ungeahnten Kreativitäts- und damit zu Innovationsimpulsen führen.

Wechselseitige Akzeptanz und Toleranz sind erforderlich, um die kostenintensive und zeitkritische Implementierungsphase mit moderner Informationstechnologie effizient durchzuführen.

8 Lernen aus Projekten

Der Einsatz von Informationstechnologien stellt zwar einen wichtigen, aber nur kleinen Ausschnitt des Wissensmanagements dar. **Lernen aus Fehlern** spielt eine weit wichtigere Rolle.

Teuer erworbenes Wissen aus erfolgreichen und erfolglosen Projekten breitet sich nur dann rasch im Unternehmen aus, wenn die F&E-Mitarbeiter über genügend Freiräume und damit informelle Kontakte verfügen. Das dokumentierte, explizite Wissen erweist sich dabei zum Unmut vieler Manager weniger wichtig als das im Projektverlauf meist nebenbei geschaffene prozedurale Erfahrungswissen. Dieses Wissen steckt nicht in Projektberichten, sondern ist stark an Personen gebunden. Mit einem Ausstieg oder Wechsel der an einem Projekt beteiligten „tragenden" Personen geht es für die Abteilung unweigerlich verloren.

Informelle Kontakte helfen jedoch nur, wenn

▶ eine beidseitige Bereitschaft zum Austausch dieses Wissens besteht und
▶ die beteiligten Personen den gleichen Fachjargon sprechen. Nur dann ist das stillschweigende Wissen formulierbar und damit übertragbar.

 Kaum formuliertes Wissen bei der Turbinenentwicklung besteht beispielsweise in den auf Schätzungen und Erfahrungen eines Aerodynamikers beruhenden Ausgangsmaßen einer Turbinenschaufel. Richtig gewählte Startwerte sind aber auch heute noch Grundvoraussetzung für eine optimale Lösung, trotz aller Rechengeschwindigkeit der eingesetzten Computer. Genau dieses Wissen lässt sich aber nur äußerst schwierig transferieren.

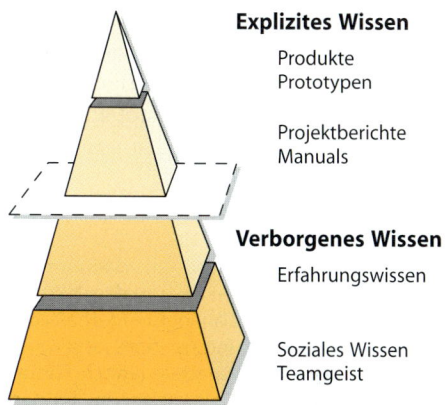

Explizites Wissen

Produkte
Prototypen

Projektberichte
Manuals

Verborgenes Wissen

Erfahrungswissen

Soziales Wissen
Teamgeist

Bild 59: *Wissenspyramide – „Wenn wir nur wüssten, was wir wissen."*

F&E-Manager fördern daher organisatorisches Lernen mit allen Mitteln bis hin zu großen Investitionen in Simulationsprogramme, die langjähriges Praxiswissen mit Theorie verknüpfen.

Wissensmanagement fördert die ständige Schaffung neuer Ideen. Dies kann über Zeitbudgets erfolgen, nach denen jeder Mitarbeiter einen bestimmten Anteil seiner Zeit für kreative Aktivitäten einsetzen kann. Im innovativen Unternehmen 3 M werden dafür bis zu 15 % festgelegt. Jeder Mitarbeiter muss am Ende des Berichtsjahres Rechenschaft über seine Verwendung dieser Zeit ablegen. Ciba Geigy führt einmal jährlich eine „Ideenbörse" durch, bei der interne und externe Mitarbeiter in einem kreativen Prozess ausgefallene Ideen sammeln und gemeinsame Prioritäten setzen. Zur raschen Realisierung der besten Ideen steht ein kleines Budget zur Verfügung. Alle diese Maßnahmen verlaufen jedoch nicht wie ein „gut geölter" Prozess, sie lassen sich nicht in das enge Korsett des heute hoch gelobten „Business Process Redesign" stecken. Vieles verläuft informell, beruht auf persönlichen Kontakten aller Hierarchiestufen und leistet damit einen großen Beitrag zur horizontalen und vertikalen Integration im Unternehmen.

 3 M und Hewlett Packard setzen ein umfangreiches Set an Instrumentarien ein, um das stillschweigende Wissen personenunabhängig innerhalb der Organisation zu festigen: zentrale Informationsstellen, Projektmanagement-Abteilungen, insbesondere jedoch Förderung von informellen Kontakten über extrovertierte Entwickler, gemeinsame Kommunikationsplattformen in Veranstaltungen und Kaffee-Ecken sowie häufiger Arbeitsplatzwechsel.
Der neue Projektmanagement-Bereich im Pharmakonzern Hoffmann-La Roche fördert den Lerntransfer zwischen Projekten. Diesem Bereich ist eine Gruppe von weltweit tätigen Projektleitern und -mitarbeitern disziplinarisch zugeordnet, die nach Beendigung eines Projektes wieder dorthin zurückkehren; man verzichtet bewusst auf eine Reintegration in die Linie zugunsten des verbesserten Wissenstransfers zwischen den Projekten.

In zahlreichen westlichen Firmen wird das mittlere Management auf Empfehlung von Unternehmensberatungen verteufelt und wegrationalisiert. Viele mittlere Manager betreuen jedoch mehrere Projekte, gewährleisten einen Fortbestand des Wissens über längere Zeit hinweg, vermitteln zwischen der „Sprache des Geldes" im Topmanagement und der „Sprache der Dinge" an der Basis und übernehmen damit eine wichtige Integrationsfunktion. Der zur Zeit von den Unternehmensberatungen propagierte völlige Abbau von Hierarchien und die Beseitigung des mittleren Managements in den meisten westlichen Unternehmen unterhöhlt oft deren Wissensbasis!

 Streng hierarchisch geführte Firmen wie die japanische Kao mit einer stark zentralistischen, auf Effizienz der Stammgeschäfte und der operativen Prozesse ausgerichteten Organisationsstruktur versuchen, durch eine offene, informelle Informationskultur Innovationen anzuregen. Trotz der vielen Hierarchiestufen schafft es Kao, durch die Förderung von fach- und funktionsübergreifender Kommunikation sehr innovativ zu sein und das Wissen des mittleren Managements effizient einzusetzen.

 Zehn Tipps

- Möglichst viel Wissen in Simulationswerkzeuge einfließen lassen (CAD, Finite Elemente etc.).
- Auch introvertierte Spezialisten zum Präsentieren motivieren.
- Teamzusammensetzung immer wieder auf „Chemie" überprüfen, danach gestalten.
- Intellektuell alles in Frage stellen, emotional nicht!
- Immer wieder Projekt-Mitarbeiter mit Projekt-Kunden zusammenbringen (Anwender, Servicemitarbeiter etc.).
- Lernen bewusst in drei Richtungen lenken:
  Strategie: Welche Projekte?
  Fähigkeiten: Was können unsere Ressourcen?
  Ziele: Was ist machbar in welcher Zeit?
- Jobrotationen konsequent fördern.
- Negative Erlebnisse bewusst aufarbeiten.
- Erfolge bewusst feiern.
- Querdenker fördern.

8.1 Ausblick: Projektmanagement situativ einsetzen

Bei der Gestaltung des Projektmanagements in einem Unternehmen ist ständig abzuwägen zwischen Disziplin und Kreativität, zwischen Standardisierung und Vielfalt, zwischen Effizienz und Effektivität. Je stärker sich das Projektmanagement auf Planung und Standardisierung konzentriert, desto besser werden Effizienz und Reduktion der Entwicklung erreicht, desto weniger Raum bleibt aber auch dem „kreativen Chaos". Eine stärkere Integration entlang Objekten, Funktionen und Hierarchien erhöht die **Komplexität** des Projektmanagements, verbessert dafür aber die **Effektivität** des Entwicklungsprozesses.

Eine stärkere Fragmentierung des Marktes erhöht die Variantenvielfalt und vergrößert die Anzahl parallel laufender Projekte in einem Unternehmen. Konzentration auf **Kundenbindung** erfordert zudem die Integration mehrerer Wertschöpfungsaktivitäten in den F&E-Prozess; zum Beispiel ist die rechtzeitige Berücksichtigung der Serviceleistungen von zentraler Bedeutung bei der Entwicklung neuer Triebwerke. Grundnutzen und Zusatznutzen müssen zu einem konsistenten Leistungspaket geschnürt werden. Ganzheitliche Prozessorientierung und ein flexibler Einsatz von Projektmanagementinstrumenten erhöhen die Effizienz in der F&E.

Die Know-how-Explosion der letzten Jahrzehnte erfordert in vielen Bereichen eine Spezialisierung von Organisationen und Individuen auf immer kleinere Wissensbereiche und führt damit zu einer verstärkten Arbeitsteilung. Dies erfordert eine stärkere **Kooperation** auf individueller Ebene zwischen Personen verschiedener Abteilungen und Funktionalbereiche im Projektteam. Spezialisierung erfordert aber auch auf der Makroebene stärkere Zusammenarbeit, was sich in der zunehmenden Zahl von strategischen Allianzen und anderen zwischenbetrieblichen Kooperationsformen niederschlägt. Damit steigen die Anforderungen an das Schnittstellenmanagement und an die unterstützenden Systeme.

Für die Weiterentwicklung des Managements von **F&E-Prozessen** müssen die geeigneten Technologien, Instrumente und Methoden zur Verfügung stehen. Während in den 60er und 70er Jahren vor allem Netzplantechniken zur Unterstützung des Projektmanagements eingesetzt wurden, ermöglicht seit den 90er Jahren die rasante Entwicklung der Informationstechnologie eine Verbesserung des operativen F&E-Managements und erleichtert länderübergreifendes F&E-Projektmanagement. Auch wenn Informationstechnologien den persönlichen Kontakt zwischen den Projektteammitgliedern nicht ersetzen, haben sie zu einer deutlichen Reduktion von Reisen geführt. So benötigt die IBM Deutschland Entwicklung GmbH in den letzten Jahren trotz erhöhter länderübergreifender Zusammenarbeit in der F&E nur noch Bruchteile ihres früheren Reisebudgets.

Neben der Informationstechnologie stellt lokale geografische Konzentration von Produkt- und Prozesstechnologien eine wichtige Triebkraft für die Weiterentwicklung des F&E-Projektmanagements dar. Technologie-Fusion zwingt Unternehmen vor allem im High-Tech-Bereich zur Globalisierung und damit zu höherer Koordinationsintensität. Im Extremfall überspringt das Unternehmen ganze Produktgenerationen und holt sich neueste Technologien in kürzester Zeit irgendwo auf unserem Globus. Neue technische F&E-Mitarbeiter bauen Kompetenzen auf und werfen alte möglichst schnell über Bord. Neben das Lernen tritt das

„Entlernen" alter, bisher erfolgreicher Konzepte. Das einzelne Unternehmen hat zu überprüfen, inwieweit es einen gesicherten Zugang zu neuen Technologien hat.

Nicht jedes Unternehmen benötigt den gleichen Grad an Integration und Prozessorientierung, aber immer mehr Unternehmen bewegen sich in verschiedensten Geschäftsfeldern, die zunehmend durch unterschiedlichste Dynamik und Technologieanforderungen gekennzeichnet sind. Projektleiter und Topmanagement müssen Projektmanagement-Methoden gezielt auswählen. Das Unternehmen muss dabei sorgfältig verschiedene **Innovationsprozesse** und **Innovationsphasen** unterscheiden. Die Swatchmobil-Entwicklung zwischen Swatch und Mercedes-Benz läuft nach anderen Gesetzen als die interne Weiterentwicklung der 72. Hinterachsengeneration bei Mercedes. Erfahrene Projektleiter optimieren mit gezielten Methoden die subtile Balance zwischen Freiräumen und Disziplin, zwischen kreativem Chaos und geölten Prozessen.

Literatur

Alle Pocket Power-Bände siehe innere Umschlagseiten.

Grundlagen des Projektmanagements

Litke, H.-D.: Projektmanagement: Methoden, Techniken, Verhaltensweisen. München, Wien: Hanser 1995
Gut verständliche Einführung

Zielasek, G.: Projektmanagement als Führungskonzept; 2. Aufl. Berlin, Heidelberg, New York: Springer 1999
Gut verständliche Einführung

Madauss, B. J.: Handbuch Projektmanagement; 5. Aufl. Stuttgart: Schäffer-Poeschel 1994
Sehr umfangreich, zur Vertiefung des Wissens

Haynes, M. E.: Projektmanagement: Von der Idee bis zur Unsetzung. Wien: Ueberreuter 1999
Sehr kurze, einfache und gut verständliche Einführung

Boy, J.; Dudek, C.; Kuschel, S.: Projektmanagement: Grundlagen, Methoden und Techniken, Zusammenhänge; 6. Aufl. Offenbach: Gabal Verlag 1999
Sehr schöne Übersicht inklusive Diskette mit PC-Arbeitshilfen

Teammanagement

Katzenbach, J. R.; Smith, D. K.: The Wisdom of Teams. Harvard Business School Press 1993
Der Klassiker bezüglich Teams

Katzenbach, J. R.: Teams at the Top. Harvard Business School Press 1998
Wie funktionieren effektive Teams auf Managementebene?

Kunz, H. U.: Team-Aktionen: Ein Leitfaden für kreative Projektarbeit. Frankfurt, New York: Campus 1996
Gute Beschreibung von Sitzungstechnik und Problemlösungsprozessen

O'Hara-Devereaux, M.; Johansen, R.: Global Work. San Francisco: Jossey-Bass Publishers 1994
Autoren vom Institute for the Future, die internationale Teams führen; leicht lesbar

Entwicklungsprojekte

Boutellier, R.; Gassmann, O.; v. Zedtwitz, M.: Managing Global Innovation. Berlin, New York: Springer 1999
Vertiefend zum Innovationsmanagement, mit 18 Fallstudien zur „Successful Practice"

Boutellier, R.; Völker, R.: Erfolg durch innovative Produkte. München, Wien: Hanser 1997
Gut verständlich, allgemein zum F&E-Management

Gassmann, O.; Kobe, C.; Voit, E.: High-Risk-Projekte. Berlin, New York: Springer 2001
Gut verständliche Praxisbeispiele mit Schwerpunkt auf Neuproduktentwicklungen

Schmelzer, H. J.: Organisation und Controlling von Produktentwicklungen. Stuttgart: Schäffer-Poeschel 1992
Vertiefende Darstellung von F&E-Organisation und -Controlling

Internationale Projekte

Gassmann, O.: Internationales F&E-Management. München, Wien: Oldenbourg 1997
Projektmanagement in internationalen Entwicklungsprojekten, viele Praxisbeispiele aus „Best Practice"-Unternehmen

Roman

DeMarco, T.: Der Termin: Ein Roman über Projektmanagement. München, Wien: Hanser 1998
Prinzipien und Probleme des Projektmanagements in Romanform, unterhaltsam

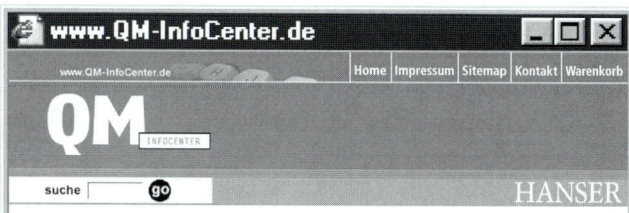

Die umfassende Internet-Seite rund um das Thema Qualitätsmanagement:

www.QM-InfoCenter.de

► **News**
Aktuelle Nachrichten aus der Branche

► **QM-Basics**
Kompakte Info zu wichtigen Begriffen

► **QZ**
Fachinformationen aus der führenden Fachzeitschrift

► **QM-Termine**
Messen, Seminare, Tagungen

► **Wer bietet was?**
Produkt- und Lieferantenverzeichnis

► **QM-Bookshop**
Bücher, Loseblattwerke, CD-ROMs

► **QM-Karriere**
Der aktuelle Stellenmarkt der Branche

► **QM-Forum**
Diskussionsforum zu aktuellen QM-Themen

 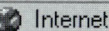